T0118616

VIOLENCE ET SUBJECTIVITÉ

MOMENTS PHILOSOPHIQUES

Jean-Christophe GODDARD

VIOLENCE ET SUBJECTIVITÉ

Derrida, Deleuze, Maldiney

Paris
LIBRAIRIE PHILOSOPHIQUE J. VRIN
6, place de la Sorbonne, V^e
2008

© *Librairie Philosophique J. VRIN,* 2008

Imprimé en France

ISBN 978-2-7116-1971-9

www.vrin.fr

À Gwen-Elen

AVANT-PROPOS

Cet essai prolonge les analyses entamées il y a six ans, dans *Mysticisme et folie* (Desclée de Brouwer), sur les rapports de la philosophie française du vingtième siècle avec la schizophrénie, clinique ou mythique. Les études qui le composent prennent chacune leur ancrage dans la lecture et l'interprétation d'un moment singulier des œuvres de Jacques Derrida, de Gilles Deleuze ou d'Henri Maldiney (dont les écrits mériteraient d'être systématiquement réunis et établis comme une contribution majeure à la pensée française de ces quarante dernières années). Chacun des trois auteurs n'est convoqué, et étudié aussi précisément que possible, qu'afin de faire ressortir la figure du schizophrène (Artaud, Nijinski, Hölderlin, Nietzsche…) comme fournissant à la philosophie française contemporaine le principe d'une compréhension renouvelée de la subjectivité.

Une compréhension qui, bien que puisant ses modèles dans la schizophrénie créatrice, littéraire et poétique, rapporte par ailleurs la fondation subjective radicale à laquelle elle aspire à la violence archaïque du meurtre sacrificiel. Le schizo tenant lieu de nouveau Dionysos-Zagreus ; la subjectivité schizophrène étant assimilée à celle de la victime émissaire, à la subjectivité de l'enfant sacrifié aux origines de l'humanité. De sorte qu'en cherchant à faire voir le rapport étroit existant entre la position centrale du sujet schizophrène dans la philosophie française contemporaine et son assimilation au sujet sacrificiel, le présent essai vise aussi à établir le caractère foncièrement *primitif,* c'est-à-dire universel, de la pensée à l'œuvre en cette philosophie.

Cette figure singulière de la subjectivité, schizo-sacrificielle, est ressaisie par chacune des études qui composent l'ouvrage à travers le concept de « station hystérique ». L'expression « station hystérique » se rencontre chez Deleuze, à propos de la peinture de Francis Bacon, et fait sens dans la direction de la station debout du corps sans organes altardien, auquel nous consacrons plusieurs analyses. Nous donnons toutefois à l'expression « station hystérique » un sens élargi et en construisons librement le concept.

La station hystérique est d'abord la station athlétique et plastique du sujet apparaissant, pour reprendre une expression de Lacan, au « centre anamorphique » de la Tragédie : Œdipe ou Antigone ; elle est ensuite la station athlétique du sujet de la dépense pure, disséminale, propre au théâtre de la cruauté comme à toute œuvre qui cherche à échapper à l'économie de la représentation ; elle est encore la station de ce sujet très nerveux, consummateur d'énergie, susceptible de vivre tous les états d'intensité, jamais neutre, excessivement présent à tous et auquel tous sont excessivement présents, dont la psychiatrie a, en naissant, commencé de tracer le portrait, avant qu'il ne devienne le sujet même de la littérature (Proust, Beckett), de la peinture (Bacon) et de la philosophie (Nietzsche) ; elle est la station du sujet au commencement de

tout art, ouvert à la rencontre de l'imprévisible, au surgissement de l'événement antérieur à toute possibilité, irréductible
à tout *a priori* ; elle est enfin la station du sujet extatique,
désirant, soulevant dans le mouvement même de son désir le
fond obscur de l'existence, la puissance de création barbare de
la nature.

Palaiseau
Le 1er janvier 2008

CHAPITRE PREMIER

DIONYSOS ENFANT

Il faut lire les deux très belles pages que Deleuze consacre à la correspondance entre Jacques Rivière et Antonin Artaud, en 1968, dans *Différence et répétition*[1]. Deleuze y formule un réquisit archaïque, peut-être essentiel, de l'entreprise philosophique : celui d'une pensée qu'il dit « génitale », d'une pensée créatrice parce que acéphale, d'une pensée forcée de penser, impulsive, compulsive, impersonnelle et neutre, sans image, qui se confondrait avec la plus grande puissance. Une pensée à engendrer dans la pensée.

Car la philosophie partage avec l'art une autre exigence que celle de la représentation. Elle ne cherche nullement à protéger du chaos par l'image réglée d'un monde objectif, mais n'envisage de vaincre le chaos qu'après avoir plongé en lui et préalablement défait tout rapport représentationnel au réel. Cette possibilité de la pensée, révélée dans l'abolition de l'image, définit en propre, pour Deleuze, *la schizophrénie*. Formation d'une désorganisation progressive et créatrice, la schizophrénie est pour le philosophe méthode. Essentielle-

1. G. Deleuze, *Différence et répétition*, Paris, PUF, 1968, p. 191-192.

ment parce qu'elle fait le départ entre le spatial et le vital ; entre les deux pôles d'un mouvement pendulaire d'oscillation qui agite en profondeur la vie psychique, et que *L'anti-Œdipe* identifie, en 1972, comme deux régimes de synthèse [1].

D'une part, le mélange passif des parties emboîtées, mélange partiel, qui organise le multiple en masses grégaires, aménage des territorialités asilaires, et fonde l'assujettissement social. Le molaire. D'autre part le mélange actif, total et liquide, qui déterritorialise et lie les multiplicités de façon a-organique, par compénétration, en les plongeant dans un réseau d'interconnexions ouvert et fluide, et opère, ce faisant, la dissolution révolutionnaire de la contrainte. Le moléculaire.

Il y a là deux types d'unité, qui sont aussi et surtout deux multiplicités : une multiplicité discrète, d'emboîtements successifs (l'unité partielle) et une multiplicité non numérique, continue, fluide, de compénétration (l'unité totale), c'est-à-dire *simple*. Une complexité grégaire qui procède par assemblage, et une complexité simple qui procède par intégration continue. Or ce partage entre les deux multiplicités, *L'Anti-Œdipe* le présente à nouveau comme celui du paranoïaque (la multiplicité grégaire) et du schizophrénique (la multiplicité fluide), auquel il faut dès lors accorder le privilège de défaire les territorialités aménagées et de se confondre lui-même avec l'élan de vie, de création de nouveauté, de la nature comme processus de production – c'est-à-dire, en termes spinozistes ou fichtéens (qui s'équivalent pour Deleuze), comme identité du produire et du produit.

---

1. G. Deleuze, F. Guattari, *Capitalisme et schizophrénie, L'anti-Œdipe*, Paris, Minuit, 1972, p. 335 *sq*.

Cette déterritorialisation schizophrénique, cette puissance d'affirmer le chaos, elle est aussi pour Deleuze ce qui reconduit aux « sources dionysiaques ésotériques ignorées ou refoulées par le platonisme » auxquelles Nietzsche a su alimenter sa pensée[1]. Il y a toujours chez le théoricien de la multiplicité instable, excentrée, une affection plus ou moins avouée pour le dionysiaque pour autant qu'en lui triomphe, comme le dit Artaud, « une sorte de vie libérée, qui balaye l'individualité humaine et où l'homme n'est plus qu'un reflet »[2] – la vie en ce qu'elle a d'irreprésentable, la vie comme origine non représentable de la représentation.

On aurait tort, cependant, de croire que pour penser d'une telle pensée sans image, d'une pensée à ce point vive, il ne faille plus viser d'action. Au contraire : de même que la santé moyenne de l'esprit affirmée dans l'ordre de la pensée volontaire s'oppose à la « grande santé » atteinte par le penseur génital livré aux forces informulées du penser absolu, de même, à l'action ordinaire et habituelle soumise à l'exigence pragmatique du présent, à l'action répétitive de l'habitus, ou de la mémoire, s'oppose, pour Deleuze, l'action « unique et formidable »[3], « trop grande pour moi », à laquelle la pensée doit devenir égale si elle doit vraiment penser, être créatrice et accoucher d'un nouveau monde. Cette grande action est aussi un événement, un événement unique et formidable, dont Deleuze livre l'image symbolique : se précipiter dans le volcan (l'*Empédocle* d'Hölderlin), tuer le père (l'*Œdipe* de

1. G. Deleuze, *Logique du sens*, Paris, Minuit, 1969, p. 305.

2. A. Artaud, *Le théâtre et son double*, dans *Œuvres complètes*, Paris, Gallimard, 1978, t. IV, p. 139.

3. G. Deleuze, *Différence et répétition*, *op. cit.*, p. 120.

Sophocle). Cette image est l'image d'une action réellement productrice de nouveauté, d'une action héroïque et révolutionnaire (Deleuze cite le *Dix-huit Brumaire* de Marx) faisant voler en éclats l'unité et la cohérence du moi pour accoucher d'un homme multiple, informel et sans nom (le plébéien, l'homme sans qualité).

On sera surtout attentif au fait que l'image de cette action formidable est de se donner la mort. Non pas la mort comme retour qualitatif et quantitatif du vivant à la matière indifférente et inanimée, mais comme « expérience subjective et différenciée présente dans le vivant »[1]. La mort métamorphosante que se donne Empédocle en se jetant dans l'Etna et dont Hölderlin dit qu'elle est une chute telle qu'en elle : « La pesanteur tombe, tombe, et la vie, / Ether limpide, s'épanouit par-dessus »[2]. La cécité que s'inflige Œdipe et par laquelle il devient capable de l'action trop grande pour lui et qu'il a pourtant commise. Cette mort paraît bien volontaire. « Car c'est mourir que je veux. C'est mon droit » dit l'Empédocle d'Hölderlin[3]. Et le geste mutilant d'Œdipe est bien pour Sophocle commis de plein gré (*hekôn*) et non subi malgré soi (*akôn*)[4]; le seul même qui de toute sa vie présente ce caractère. Volonté paradoxale qui m'introduit dans la mort non seulement comme ce qui me dessaisit de mon pouvoir mais aussi comme ce qui est sans relation avec moi, sans pouvoir sur moi, parce qu'elle opère la dissolution du moi. Une mort qui n'est

1. *Ibid.*, p. 148.

2. Hölderlin, *Empédocle* (troisième version), dans *Œuvres*, trad. fr. R. Rovini, Paris, Gallimard, 1967, p. 573.

3. *Ibid.*, p. 564.

4. Sophocle, *Œdipe Roi*, Exodos, v. 1230.

donc pas « ma » mort, mais « la mort quelconque »[1], « l'état des différences libres quand elles ne sont plus soumises à la forme que leur donnaient un Je, un moi », une mort interminable et incessante, dont on fait l'expérience comme d'une « énergie neutre ».

LA FOULE DIONYSIAQUE
ET LE SUJET DE LA TRAGÉDIE

Quelle est cette mort singulière libératrice de l'énergie neutre d'un penser non représentationnel, d'une pensée sans auteur, à quoi aspire compulsivement la philosophie et qui nourrit son rapport fasciné à la folie ? Pour le savoir, on nous permettra d'être relativement infidèle à *Différence et répétition* et d'interroger le Nietzsche de la *Naissance de la tragédie*, qui, contrairement à ce qu'en dit Deleuze[2], n'identifie pas purement le dionysiaque au sans fond d'un abîme tout à fait indifférencié, d'un « néant noir indifférent », mais reconnaît plutôt déjà en lui le processus de soulèvement par lequel le sans fond s'individue sous la Figure d'une différence impersonnelle : Dionysos comme Sujet de la tragédie.

Il importe tout d'abord de rappeler l'ambiguïté foncière du dionysiaque, qui est, pour Nietzsche, volupté et cruauté, joie et épouvante. René Girard a, dans *La violence et le sacré* remarquablement analysé cette ambiguïté de la fête orgiaque, comme d'ailleurs de toute fête[3]. Comme dans les *Bacchantes*

---

1. G. Deleuze, *Différence et répétition, op. cit.*, p. 149.

2. *Ibid.*, p. 354.

3. R. Girard, *La Violence et le sacré*, chap. V, « Dionysos », Paris, Grasset, 1972.

d'Euripide, la désindividuation dionysiaque nietzschéenne est à ce point heureuse que « la terre donne du lait et du miel »[1]. Mais on sait aussi comment les choses tournent mal, comment la fête dionysiaque dégénère (comment il appartient à la nature de la fête d'être toujours sous la menace d'une telle dégénérescence), comment brusquement le paradisiaque bascule dans la chasse sauvage, bestiale, dans la dévastation omophagique et allelophagique. Cette ambiguïté, est celle du Dionysos orphique, dont Marcel Detienne a dans *Dionysos mis à mort*, montré qu'il était aussi bien le Souverain de l'Unité retrouvée, le Dionysos de l'âge d'or, que le dieu de l'omophagie, le Prince de la bestialité. Toutefois cette ambiguïté, Nietzsche ne la pense pas en termes d'alternance, de polarité : c'est, pour lui, « du fond de la joie suprême (que) retentit la lamentation sur une irréparable perte »[2]. La joie dionysiaque est déjà habitée et viciée par la douleur. L'extase dionysiaque, en abolissant les frontières et les barrières entre les êtres, en plongeant le séparé dans l'ivresse de la fête, contient déjà un élément léthargique. Le dionysiaque nietzschéen n'est pas lui-même l'effroyable ; il est déjà, en tant qu'ivresse, en tant qu'il plonge l'individu dans « l'abîme d'oubli » de l'ivresse, une tentative d'évitement de l'effroyable. Il est à la fois la connaissance la plus directe qui soit de l'effroyable et la tentative la plus immédiate pour annuler cette connaissance insupportable en la noyant dans l'ivresse. L'apport de l'apollinien au dionysiaque est là : dans la possibilité de représenter et de vivre, c'est-à-dire de

---

1. Nietzsche, *La naissance de la tragédie* (dorénavant cité NT), § 1. Nous traduisons l'édition des *Sämtliche Werke, Kritische Studienausgabe* (KSA), 1, G. Collio et M. Montinari (ed.), Munich-New York, 1980.

2. NT, § 2.

rendre supportable ce que le dionysiaque ne peut que tenter d'éviter par l'ivresse. L'unité joyeuse et « l'horrible réalité » sont si intimement liées dans l'ambiguïté de l'universel dionysiaque que la réconciliation universelle trahit d'autant plus l'irréparable qu'elle est ivre, montre d'autant plus qu'elle oublie ; et s'oblige ainsi à toujours plus d'ivresse, donnant par là toujours plus à voir qu'il y a quelque chose d'effroyable à noyer dans l'ivresse. Mais quelle est cette effroyable réalité, cette perte irréparable que pleure la joie festive du dionysisme. Ou plutôt : quelle est cette voix qui se lamente du fond de la joie et de l'oubli dionysiaques ?

C'est l'art qui le fait savoir. C'est-à-dire l'union du dionysiaque et de l'apollinien, le génie dionyso-apollinien qui est à l'origine de la tragédie et du dithyrambe dramatique.

Ce qu'exige l'art, pour Nietzsche, c'est de « triompher du subjectif », de « délivrer du moi » et qu'on « impose silence à tout vouloir et tout désir individuels ». Cette dé-subjectivi-sation, cet abandon de tout vouloir, commence avec l'identi-fication (dionysienne) à l'Unité primitive. C'est-à-dire avec « la douleur et la contradiction » de cette Unité. Il importe d'insister sur ce point : la libération à l'égard du vouloir et du subjectif est d'abord abandon à la douleur primordiale et insupportable qui hante le dionysiaque et que trahit son ambi-guïté. La douleur originelle du dionysiaque est bien d'être dépouillé de sa subjectivité. Mais cette douleur est insuppor-table et, pour être vue et vécue dans l'art, elle doit être *repro-duite et transfigurée*. La première forme de cette transfigu-ration est la forme musicale ; la première image de l'Unité primitive. L'ambiguïté de la fête dionysiaque (c'est-à-dire de la fête non ritualisée), de l'universel dionysiaque, en lequel l'effroyable réalité se présente sans médiation au point de ne pouvoir être combattue que par une vaine ivresse, – cette ambiguïté se trouve à présent esthétisée et ritualisée (c'est-à-dire reproduite, accomplie, conservée et neutralisée) dans la musique, qui est « comme une répétition et un second moulage du monde ». La musique, cette première image, qui image « sans aucune image » l'effroyable originel, l'in-reproductible et l'in-présentable, qui l'actualise vraiment en le transposant, prend enfin, sous l'influence du rêve apollinien, sa seconde forme, celle du rêve symbolique, qui réfléchit une seconde fois le « reflet de la douleur originelle dans la musique », image l'image musicale.

Ce serait toutefois un contre sens de comprendre ce processus de symbolisation comme un processus d'abstraction. Là prend sens, pour reprendre une expression à laquelle Deleuze a, en 1969, dans la *Logique du sens*, donné l'ampleur d'un mot d'ordre pour la modernité, le renversement nietzschéen du platonisme. Laisser monter les simulacres, s'établir dans l'apparence (au lieu de monter vers l'Un où de descendre vers les apparences), c'est proprement « rendre sensible » l'Un, « rendre sensible sa contradiction originelle »[1], « rendre sensible la douleur originelle ». Cette douleur ne cesse pas dans l'apparence d'être sentie ; elle devient seulement tolérable.

Mais nous n'avons toujours pas répondu à la question de savoir quelle est cette effroyable réalité que l'ivresse dionysiaque tente d'oublier et que l'art concrétise en imageant la musique. Elle est sans doute l'involontaire *absolu* ; l'involontaire qui est au fond de toute réalité humaine ; ce que personne n'a proprement voulu, mais qui a tout de même été et continue sans relâche d'être, avec une telle insistance qu'il

1. NT, § 5.

pourrait bien tout autant définir un volontaire absolu, *notre* volonté, non plus comme individu ou sujet, mais comme peuple entier, comme foule, comme multiplicité inorganique. C'est cet involontaire absolu que la création dionyso-apollinienne s'efforce d'élever à l'apparence pour, dans cette élévation, à la fois le réaliser, le répéter et le conjurer.

Ce qu'est cet involontaire absolu, nous ne pourrons très précisément le savoir que lorsque nous saurons qui est le véritable « sujet » de l'art. « Le "moi" du poète élève la voix du fond de l'abîme de l'être », écrit Nietzsche. Cette voix qui s'élève du fond de l'être n'est pas sa voix ; elle n'est pas la voix « de l'homme éveillé », mais la voix d'une « "moi-ité" (*Ichheit*) vraiment existante et éternelle ». C'est cette voix qui se lamente déjà au fond de l'oubli joyeux de la fête ; c'est elle qui se fait entendre sous la forme de la musique, elle qui gémit dans la musique ; c'est elle encore qui parle dans le rêve symbolique de la poésie lyrique.

Poète, l'artiste est seulement « le medium grâce auquel l'unique Sujet vraiment existant fête sa rédemption dans l'apparence » ; comme tel, dans la mesure où il se fond avec ce Sujet, il lui est donné d'accomplir quelque chose d'étrange et inquiétant (*unheimlich*) : être « en même temps sujet et objet », « acteur et spectateur ».

Cette caractéristique est aussi celle du chœur satyrique de la tragédie primitive qui, comme « l'acteur vraiment doué, qui voit se mouvoir sous ces yeux [...] le personnage dont il doit jouer le rôle », est « l'image que l'humanité dionysiaque », c'est-à-dire « la foule dionysiaque » – la « très jeune, toute fraîche »[1] foule dionysiaque –, « aperçoit d'elle-

1. NT, § 6.

même »[1]. L'origine de la tragédie est pour Nietzsche, on le sait, le chœur ou cette foule. C'est elle « l'unique «réalité» ». Traduisons : c'est du fond de cette foule que monte la lamentation d'une perte irréparable, le cri d'effroi qui gâche la fête et que la fête tente de couvrir par son bruit joyeux. Il n'y rien d'autre que cette foule, et la projection hors de soi par cette foule d'une image esthétique d'elle-même, dans la musique, dans la danse, dans le monde des dieux apollinien et dans la Figure exemplaire du héros tragique.

Mais qu'il n'existe que cette foule, que l'humanité ne soit jamais qu'avec elle-même, ce n'est pas le plus effroyable. Que nos dieux et la totalité de notre art ne soient qu'une image de nous-mêmes, ce n'est pas non plus le plus effroyable. La connaissance dionysiaque est connaissance d'une effroyable réalité, à ce point effroyable, nous l'avons dit, qu'elle ne saurait aller sans un certain élément léthargique et provoquerait plutôt d'après Nietzsche « une disposition ascétique négatrice du vouloir »[2], une disposition à tuer l'action, si l'art ne s'approchait thérapeutiquement de la volonté menacée pour rendre l'existence tolérable par les images. Mais, nous venons aussi de le dire, la foule dionysiaque est l'unique réalité : ce que connaît d'effroyable la connaissance dionysiaque, ce que connaît la toute jeune foule dionysiaque (la foule qui ne s'est pas encore divisée, organisée et qui n'a pas ritualisé ces mouvements – sans même parler de sa constitution juridico-politique) c'est *sa propre réalité*. Ce que l'art, par la musique, la danse et la parole, transforme en vision tolérable et même plaisante, c'est cette connaissance qu'a la foule

1. NT, § 8.
2. NT, § 7.

de sa propre réalité effroyable, de ce qu'elle a elle-même d'effroyable, et qui constitue ce que nous avons appelé l'involontaire absolu.

Qu'est-ce que cette foule a d'effroyable? Comment se voit-elle? Ou plutôt: *que* voit-elle en se voyant? Ce que le chœur aperçoit avant toute chose dans la vision tragique c'est Dionysos, son dieu «souffrant et glorifié»[1]. Il est le centre de la vision, c'est-à-dire ce que la foule voit au centre d'elle-même, ce vers quoi se concentre son regard et ce en quoi se concentre tout ce qu'elle a elle-même d'effroyable. Reprenant et radicalisant une «tradition incontestable»[2], Nietzsche soutient que Dionysos n'a jamais cessé d'être le héros de la tragédie, et que «toutes les figures fameuses de la scène antique, Prométhée, Œdipe, etc., ne sont que les masques de ce héros originaire, Dionysos». Il est le seul personnage réel de la tragédie. Certes, il lutte «empêtré dans les rets de la volonté individuelle», «ressemble à un individu qui erre» et «éprouve les douleurs de l'individuation». De sorte que, l'individuation paraisse bien ici «l'origine de toute douleur». Mais cette individuation n'est douloureuse que parce qu'elle n'a pas été encore apaisée par Apollon, qui «justement cherche à apaiser les êtres individuels en traçant entre eux des limites»[3]. Elle est individuation, si l'on peut dire, dionysiaque, individuation, séparation et affirmation démesurée de soi au centre de la foule, au lieu où elle s'évide pour former un cercle et avoir un centre. Ce lieu est bien celui de la glorification et de la

1. NT, § 8.
2. NT, § 10.
3. NT, § 9.

souffrance, c'est-à-dire du sacrifice, ou de la « Passion »[1]. C'est depuis ce lieu que s'élève la lamentation auquel l'artiste prête sa voix. C'est lui, Dionysos, le seul Sujet vraiment existant qui fête sa rédemption dans l'apparence, le « "je" éternel et existant », le véritable et unique auteur et personnage de la tragédie, le sujet-objet de la pensée involontaire et sans sujet.

Ce Dionysos est pour Nietzsche « l'enfant mis en pièces par les Titans et vénéré en cet état sous le nom de Zagreus ». Voilà la perte irréparable, l'effroyable réalité de la foule, qui est l'unique réalité : le meurtre et la dévoration festives de l'enfant. C'est là aussi l'involontaire absolu : le crime imputable à tous, le crime pour ainsi dire générique. En 1960, dans son Séminaire sur *L'éthique de la psychanalyse*, Lacan relevait qu'Antigone, dans toute la pièce de Sophocle, est appelée « la gosse »[2], et que lorsque le chœur fait éclater l'hymne à Dionysos, lors de son avant-dernière entrée, si les auditeurs croient que c'est un hymne à la libération et que « tout va s'arranger », c'est qu'ils ignorent « ce que représente Dionysos et son cortège farouche », c'est-à-dire la foule dionysiaque meurtrière.

LA STATION ATHLÉTIQUE DE LA VICTIME SACRÉE

Ce caractère « effectivement meurtrier »[3] de la tragédie, c'est-à-dire du verbe tragique, ou, pour reprendre une expres-

---

1. NT, § 10.

2. J. Lacan, *Le séminaire*, livre VII, « L'éthique de la psychanalyse », Paris, Seuil, 1986, p. 293.

3. Hölderlin, *Remarques sur Œdipe, Remarques sur Antigone*, vol. 16, E.D. Sattler (éd.), Francfort, Stroemfeld/Roter Stern, 1988.

sion utilisée en 1964 par Lacan, le « facteur létal » [1] du Verbe tragique, c'est aussi ce que souligne Hölderlin dans ses *Remarques sur Œdipe* et ses *Remarques sur Antigone*. Un meurtre qui consiste, pour lui, dans une certaine saisie du corps, une saisie « athlétique et plastique » du corps assassiné au centre de la tragédie. C'est sur cette saisie athlétique du corps de la victime au centre de la tragédie, c'est-à-dire au centre évidé de la foule meurtrière, – ou plutôt, sur cette station singulière de la victime en cette saisie au centre de la tragédie qu'il faut à présent concentrer notre attention.

On le sait, les *Remarques sur Œdipe* et les *Remarques sur Antigone* ne datent pas de la même période. Les secondes portent déjà la marque de la folie et sont manifestement écrites dans une certaine urgence panique. Elles sont probablement contemporaines de la traduction de la pièce de Sophocle, dont Schelling dit dans une lettre à Hegel datée du 14 juillet 1804, qu'elle « trahit le délabrement mental » de son auteur. Quoi qu'il en soit, les *Remarques sur Œdipe* et les *Remarques sur Antigone* proposent de manière significative une définition du tragique presque identique [2].

Dans les *Remarques sur Œdipe* on lit : « La présentation du tragique repose par excellence sur ceci que l'effroyable, à savoir comment le dieu et l'homme s'accouplent, comment dans la fureur la puissance sans limite de la nature et le plus intime en l'homme deviennent Un, – sur ceci que cet

---

1. J. Lacan, *Le séminaire*, livre XI, « Les quatre concepts fondamentaux de la psychanalyse », chap. XVI, Paris, Seuil, 1973, p. 237.

2. *Cf.* l'édition bilingue de J.-F. Courtine, *Friedrich Hölderlin. Fragments de poétique*, Paris, Imprimerie Nationale, 2006. Nous proposons ici notre propre traduction.

effroyable se saisit à travers le fait que le devenir Un sans limites se purifie par une séparation sans limites ».

Dans les *Remarques sur Antigone* : « La présentation tragique repose, comme cela est indiqué dans les *Remarques sur Œdipe*, sur ceci que le dieu immédiat, totalement Un avec l'homme [...] – sur ceci que l'emballement *infini* se saisit *infiniment* en se séparant d'une manière sacrée, c'est-à-dire en des oppositions, dans une conscience qui abolit la conscience, – et que le dieu est présent dans la figure de la mort ».

La densité de ces textes est remarquable. Il faut retenir quatre points : premièrement, la présentation du tragique est une saisie de l'effroyable par lui-même, une auto-compréhension de l'effroyable ; deuxièmement, l'effroyable est l'accouplement de l'homme avec le dieu, ou le dieu immédiat (qui est Un avec l'homme), la fureur destructrice de la nature confondue avec le plus intérieur en l'homme, l'emballement sans limites, – ce que dans ses écrits poétologiques de la période d'*Empédocle* Hölderlin appelle « l'aorgique », et que dans les *Remarques sur Antigone* il appelle « l'informel », le devenir Un illimité (ce que Nietzsche comprend comme la désindividuation dionysiaque) ; troisièmement, cet effroyable (ce dionysiaque, cette fureur de l'indistinction, de l'informel), la tragédie le comprend, le saisit et l'expose (Nietzsche dirait : la contemple) dans une séparation sans limite, qui est purification et sacralisation, – dans une distinction infinie, maximale, c'est-à-dire dans un excès d'individualisation, de concentration et de conscience, qui, du fait même de sa démesure est abolition de la conscience, totale dépersonnification ; enfin, quatrièmement, cette séparation infinie est celle du sacré, ou plus exactement du sacrifié – elle est la séparation du personnage tragique (Œdipe, Antigone), victime et holocauste, car cette séparation est présentification du dieu immédiat dans la figure de la mort.

Cette exposition ou présentation de la désindividuation effroyable, de l'Un illimité, dans la séparation illimité et purificatrice, dans l'individuation sacrificielle du héros tragique, Lacan la dit remarquablement lorsqu'il fait d'Antigone, victime, le « centre du cylindre anamorphique de la tragédie » [1] sur lequel la cruauté du sans limite, l'atrocité au-delà de toute limite, vient à se refléter dans une belle image (le dionysiaque dans l'apollinien). Car « sans entrer dans la définition optique de la chose, c'est pour autant que sur chaque génératrice du cylindre se produit un fragment infinitésimal d'image que nous voyons se produire la superposition d'une série de trames, moyennant quoi une merveilleuse illusion, une très belle image de la passion, apparaît dans l'au-delà du miroir, tandis que quelque chose d'assez dissous et dégueulasse s'étale autour » [2]. La métamorphose de l'informel illimité en une séparation illimitée, cet « isolement [...] arraché [...] à la structure », cette station centrale de la victime au milieu de l'*até*, qui est ici malheur sans limite, cette station en laquelle le sans-limite s'image et se présentifie dans une distinction infinie, cette illusion anamorphique, la présentation de la foule orgiaque dans l'image centrale et unique de la victime composée par l'intégration de ses fragments infinitésimaux, voilà le sacré.

Le cylindre est en effet l'espace séparé, infiniment séparé, qu'est le sacré ; il est l'espace séparé où, dans l'image du sacrifié, s'image le sacrificateur, c'est-à-dire la foule meur-

---

1. J. Lacan, *Le séminaire*, *op. cit.*, livre VII, p. 328.
2. *Ibid.*, p. 318.

trière. Où le dieu immédiat (l'emballement omophagique) se présente sous la forme d'Antigone, de son inflexibilité, c'est-à-dire, comme le fait remarquer Lacan, de son caractère lui-même *omos*, c'est-à-dire *cru*. Le lieu, donc, où l'omophagie dionysiaque se reflète, se purifie, c'est-à-dire se ritualise, dans la belle image d'une « victime terriblement volontaire »[1], c'est-à-dire terriblement crue, d'une martyr « sans pitié ni crainte »[2] – d'une victime qui opère d'elle-même et en elle-même la transfiguration de la cruauté originelle de l'Un illimité en sa propre cruauté, en la cruauté de sa propre séparation infinie. Ce que Hölderlin comprend sous l'hérésie, l'infidélité, la traîtrise sacrée du héros tragique.

Le caractère proprement « athlétique » de la station de celui qui se tient ainsi au centre, ou au milieu de la foule, à la place infiniment séparée du sacré, ressort nettement de ce qui précède. Image infiniment séparée de l'Un, icône de l'illimité, il se tient à la fois dans la distinction maximale, le fait d'être contre tout, hors de tout lien (Hölderlin dit : *gesetzlos*, sans loi), purement et simplement soi-même ce qu'il est, et, conjointement, dans la plus totale disparition, le plus grand effacement de soi ; l'extrême de la séparation étant en même temps l'extrême dissipation au centre évidé de l'universel. Car le propre de la victime sacrificielle est, précisément parce qu'elle est isolée et absolument dés-unie, de n'être plus personne : le neutre (le neutre de l'enfant). Cet « athlétisme » est celui de la mort tragique en quoi consiste cette station – puisque le sacré est présence du dieu dans la figure de la mort. Non pas de la mort que se donne le héros tragique, mais de la mort en

1. *Ibid.*, p. 290.
2. *Ibid.*, p. 311.

laquelle il se trouve déjà vivant (et, comme on le voit dans *La mort d'Empédocle*, à laquelle il tente d'échapper en se tuant); une mort qui est mort parmi les vivants, vie parmi les morts[1].

On le comprendra encore mieux en considérant de près l'interprétation que donne Hölderlin de la Figure du héros tragique.

À la parole de l'oracle qui, d'après les *Remarques sur Œdipe*, réclame seulement que l'on «maintienne un bon ordre bourgeois» en poursuivant «la souillure», «la honte», «l'inguérissable» qu'il ne faut pas «alimenter», Œdipe répond par une interprétation qu'Hölderlin juge «trop infinie». Qu'est-ce que cela signifie?

Que l'oracle parle précisément de la menace d'une désorganisation sociale, d'un désordre civil, du risque de l'indistinction orgiaque que comporte le désordre, de l'emballement du devenir Un illimité et du meurtre qui s'en suivrait. Que cet emballement et ce meurtre sont la souillure et la honte dont il faut constamment se préserver, parce qu'ils sont la maladie inguérissable de la foule; ce qui ne demande qu'à être alimenté pour croître. Seulement, en prévenant contre un tel risque, l'oracle en indique en même temps pour ainsi dire le lieu. Il indique l'emplacement d'une souillure ou d'une honte collective, d'un interdit. Or, c'est cet interdit qui est pour Œdipe une tentation; il est «tenté par le *nefas*» écrit Hölderlin. Interpréter l'oracle d'une manière «trop infinie», c'est d'abord l'interpréter «*priesterlich*», d'une manière sacer-

---

1. Sur l'expérience subjective d'une telle mort dans *La mort d'Empédocle* d'Hölderlin, *cf.* J.-Ch. Goddard, *Mysticisme et folie. Essai sur la simplicité*, Paris, Desclée de Brouwer, 2002, p. 107 *sq.*

dotale. Non plus comme un avertissement de ne pas rouvrir la plaie originelle, mais comme un appel à répéter l'interdit, le crime ritualisé, à réveiller la violence originelle, à chercher la victime expiatoire – c'est-à-dire à rouvrir l'espace sacré, à évider un espace au centre de la foule primitive. Alors, «poursuivre» la honte, ne veut plus dire subordonner la tentation du sacré à l'ordre bourgeois, la tenir dans les limites de cet ordre, mais effectivement ouvrir la chasse à celui qui fait honte, persécuter, traquer la souillure. C'est pourquoi, pour Hölderlin, cette interprétation trop infinie et sacerdotale de l'oracle, est aussi une interprétation «*ins besondere*», en particulier – la particularisation de ce qui n'était qu'un ordre «général» et devait le rester pour ne pas dégénérer en lapidation; il faut maintenant désigner une victime.

Œdipe rompt alors l'ordre bourgeois, libère la fureur sans limites du dieu immédiat, la «démesure furieuse» de l'Un illimité, et, ivre d'une joie destructrice, il déchire, lacère les limites du savoir, dé-lie absolument la pensée, et donne libre cours à une «furieuse indiscrétion».

La présentation du tragique, nous l'avons vu, a lieu très précisément dès lors que la fureur joyeuse vient à se réfléchir et à se comprendre dans une image infiniment séparée et à se purifier par cette réflexion. Une purification que l'on ne doit en aucun cas interpréter comme un retour à la normale, comme un apaisement, puisqu'elle est la ritualisation de la fureur dans le meurtre de la victime sacrée. Cette purification, et donc la présentation du tragique, a lieu très exactement dans la scène avec le messager de Corinthe[1], lorsqu'Œdipe est conduit par

---

1. Sophocle, *Œdipe Roi*, Acte IV (troisième épisode), scène 1, v. 911 *sq.*

sa propre fureur au centre de la tragédie, à occuper lui-même le lieu de la victime expiatoire, – lorsque la fureur qui l'anime se transfigure en une volonté de séparation infinie, de totale déliaison et désunion, de totale suppression de tout rapport.

L'interrogatoire sur ses propres origines qu'Œdipe fait subir au messager en présence de Jocaste, Hölderlin l'interprète, en effet, comme «une recherche sauvage et folle de conscience», comme «l'interrogatoire d'un malade mental avide de conscience» : la fureur sacerdotale du dieu immédiat qui fait Un avec l'homme devient la fureur auto-destructrice d'une individualité insurgée et angoissée réalisant l'extrême particularisation, l'extrême contraction de soi en une conscience «trop subjective» qui est tout aussi bien la perte de la conscience, un «trop objectif». Il est difficile de penser que Schelling ne se soit pas souvenu de la conversation qu'il avait eu en 1803 avec Hölderlin sur la tragédie lorsqu'en 1809, dans les *Recherches sur l'essence de la liberté humaine*, et en 1810, dans les *Conférences de Stuttgart*, il mit au point sa doctrine du mal comme «maladie de la particularité». Là est la torsion athlétique et meurtrière qui saisit Œdipe : dans son extrême contraction, son extrême particularité et déliaison, jointe à son extrême dissipation et effacement de soi; dans le fait d'être l'enroulement de la structure, de l'aplat ou de l'informe, autour du cylindre, l'isolement en sa propre particularité de l'universel aorgique *et* la suppression, la destruction du particulier au centre de l'univers, d'être la foule *et* sa victime, le sacrificateur *et* le sacrifié.

Cette torsion, c'est ce que Deleuze, dans son *Francis Bacon*, reconnaît comme la «station hystérique» que comporte toute psychose[1] et qu'il réfère à cette «sorte de station incompréhensible et toute droite au milieu de tout dans l'esprit »[2] par laquelle Artaud dit la possibilité d'une pensée acéphale – aussi bien d'ailleurs, nous le verrons, que la station du corps sans organes. Et l'on comprend, en cette mesure, très exactement pourquoi sans leurs folies respectives Hölderlin et Nietzsche n'auraient jamais eu accès à Œdipe ou à Antigone tels qu'ils nous les font comprendre.

On relèvera, parmi les fortes intuitions de Lacan au sujet d'Antigone, que celle-ci, en poursuivant son propre malheur, et en franchissant la limite de tout malheur humainement supportable, se situe au «champ de l'Autre »[3], c'est-à-dire au lieu que le psychanalyste a, en 1964, dans *Les quatre concepts fondamentaux de la psychanalyse* désigné comme le lieu de toutes les aliénations, précisément de l'aliénation psycho-pathologique, le lieu de l'*aphanisis*, où la distinction, l'appa-rition du sujet équivaut à sa disparition – le lieu où le désir de l'Autre s'interprète comme désir meurtrier à partir du fantasme de mort du sujet.

Cette disparition d'Antigone dans l'affirmation de soi Hölderlin la souligne aussi en relevant, dans les *Remarques sur Antigone*, comment Antigone est «devenue pareille au désert». C'est-à-dire comment, au plus haut niveau de conscience, la conscience se compare avec l'absence de conscience (le désert), et comment cette absence de conscience

---

1. G. Deleuze, *Francis Bacon. Logique de la sensation*, Paris, Éditions de la Différence, 1981, p. 35-36.

2. A. Artaud, *Le Pèse-nerfs*, dans *L'Ombilic des Limbes*, Paris, Gallimard, 1968.

3. J. Lacan, *Le séminaire*, *op. cit.*, livre VII, «L'éthique de la psychanalyse», p. 323.

prend la forme même de la conscience (la vacuité, l'absence de tout contenu). En d'autres termes, comment le *trop subjectif* est en même temps *le trop objectif*, comment la plus extrême solitude est en même temps la plus totale dépersonnalisation.

La présentation du tragique est la présentation de cette vacuité, à laquelle vient s'identifier le personnage central de la tragédie ; elle est présentation en une Figure isolée, aussi distincte qu'anonyme, de l'espace du meurtre sacerdotal évidé par la fureur de la foule primitive. Voilà où s'origine l'obsession de la pensée pure, neutre, débarrassée de son auteur, libérée de la responsabilité de la décision : dans la fascination qu'exerce le sacré, c'est-à-dire qu'exerce la vacuité où le sacrifié, le héros tragique, se jette dans la torsion mortelle de la séparation infinie. L'expérience de cette torsion et celle de la folie sont une seule et même chose. Si, comme l'a magistralement fait voir Jacques Derrida en 1964 dans sa fameuse réponse à l'*Histoire de la folie* de Foucault, « la philosophie, c'est peut-être cette assurance prise au plus proche de la folie contre l'angoisse d'être fou »[1], alors il faut accorder à Deleuze le mérite d'avoir rendu autant que possible le philosophe à son angoisse, de l'avoir reconduit au plus proche de la folie dont, par la philosophie, il se protège, en trahissant la puissante tentation qui est la sienne d'excéder par la pensée toute détermination afin d'accomplir l'action formidable et tragique, c'est-à-dire de se tenir au milieu de tout dans la station hystérique du fou – ou de l'enfant lacéré par la foule.

---

1. J. Derrida, *L'écriture et la différence*, « Cogito et histoire de la folie » (dorénavant cité CHF), Paris, Seuil, 1967.

CHAPITRE II

ARTAUD LE MÔMO

C'est, on le sait, chez Georges Bataille que la philosophie française des années 1960-1970 trouve à penser le sacrifice, la dépense improductive du meurtre, la dilapidation du sens, comme mot d'ordre pour une nouvelle philosophie résolue à surmonter, en s'exposant au risque de la pensée acéphale, l'angoisse de tout philosophe, qui est d'être fou.

En 1967, dans *L'écriture et la différence*, ce mot d'ordre bataillien, Derrida l'énonce toutefois *contre Bataille* lui-même en le comprenant comme un appel à un « hégélianisme sans réserve », opposé à l'hégélianisme explicitement revendiqué par l'auteur de *L'érotisme*.

Dans les pages de *L'érotisme* qu'il consacre en 1957, au tout début de l'ouvrage, à l'idée d'une expérience intérieure de l'érotisme ou de la religion, Georges Bataille précise, en effet, que cette expérience n'est possible qu'à condition d'une « expérience personnelle, égale et contradictoire, de l'interdit et de la transgression », c'est-à-dire proprement d'une double expérience en laquelle les images religieuses ou érotiques n'introduisent pas les conduites de l'interdit et de la trans-gression comme des conduites séparées et exclusives l'une de l'autre. En cette mesure, la transgression religieuse ou érotique propre à cette expérience intérieure ne saurait nullement être comprise comme un retour à la nature, c'est-à-dire au flux impersonnel de la vie animale (qui est aussi pulsion de mort), moyennant la pure et simple levée de l'interdit. Elle diffère d'un tel retour, écrit Bataille, en ceci qu'elle « *lève l'interdit sans le supprimer* ». Et il ajoute, en note : « inutile d'insister sur le caractère hégélien de cette opération, qui répond au moment de la dialectique exprimé par le verbe intraduisible *aufheben* (dépasser en maintenant) ».

C'est cette compréhension du mouvement de transgression sous le concept hégélien d'*Aufhebung* que Derrida conteste chez Bataille – et qu'il lui refuse en affirmant le bataillisme comme un hégélianisme sans réserve. Car le sacrifice éperdu de la présence et du sens en quoi consiste pour Derrida l'expérience du sacré, doit rester sans amortissement, sans reste, sans réserve. Il doit être en tout point opposé au concept spéculatif par excellence, celui d'*Aufhebung*, qui, en conjoignant dans son intraduisibilité l'abolition et la conservation, signifie « *l'affairement* d'un discours s'essouflant à se réapproprier toute négativité, [...] à donner un sens à la mort, à se rendre du même coup aveugle au sans-fond du non-sens dans lequel se puise et s'épuise le fonds du sens ».

En sa plus grande force dans l'acte souverain du sacrifice, la mort sacrée est pour Derrida une pure consumation sans retour, une destruction en pure perte ; elle est ce que Hegel, aveugle à l'expérience du sacrifice authentique, désigne sous le terme de « négativité abstraite » et qu'il oppose au travail du négatif positivement à l'œuvre dans l'opération dialectico-spéculative. Contre Bataille, Derrida en appelle alors à une négation sans conservation, à un hégélianisme du sacrifice sans retenue, capable de résister à la précipitation vers le sérieux du sens et la sécurité du savoir, – à un hégélianisme qui ne chercherait pas à avoir *raison* du négatif, mais irait jusqu'au bout du négatif, sans mesure, – qui se retiendrait de faire collaborer le négatif à l'*Errinerung*, à la mémoire intériorisante du sens.

ACTE TRANSGRESSIF ET PENSÉE DIALECTIQUE

Cette figure si singulière d'un hégélianisme sans réserve qui n'est pas l'hégélianisme de Bataille, Derrida la lit très vraisemblablement d'abord chez Foucault, dans un article paru en 1963 dans le volume d'hommage rendu par la revue Critique à son fondateur, Georges Bataille. Dans cet article, intitulé « Préface à la transgression », Foucault oppose l'expérience bataillienne de la transgression à l'expérience de la contradiction si décisive pour la pensée dialectique, et appelle à l'invention d'un langage qui serait au transgressif ce que la dialectique a été à la contradiction. Un langage, donc, non-dialectique, non-discursif, qui s'effondrerait sans cesse au cœur de son propre espace, en conformité avec l'expérience transgressive qui est de mettre tout en cause, sans repos admissible, d'ouvrir impatiemment, sans délai – c'est-à-dire dans l'ignorance des patiences du négatif –, l'espace illimité où se joue le divin, pour bondir en lui (déjà l'action deleuzienne « trop grande pour moi »), dans une affirmation non positive, sans contenu, sans limite.

Comme l'atteste l'article consacré par Raymond Queneau en 1963, dans le même numéro de Critique, aux « premières confrontations [de Bataille] avec Hegel », la tentation fut grande dans l'entourage de Bataille de considérer que celui-ci n'avait jamais vu dans Hegel autre chose que le philosophe de la réduction rationalisante, dont il pouvait certes emprunter le vocabulaire par opportunisme, avec lequel il pouvait encore fraterniser négligemment, somnolant au cours de Kojève, mais dont il devait finir par se séparer, en 1943 dans *L'expérience intérieure*, par ce magnifique texte sur la « tache aveugle de l'entendement » – qui deviendra chez Derrida « la tache aveugle de l'hégélianisme ». La tache aveugle de l'entendement, qui rappelle la tache aveugle de l'œil, mais qui, dans l'entendement, ayant plus de sens que l'entendement, peut absorber l'attention au point que la connaissance s'y perde ; « l'immense fatigue » de Hegel s'expliquant d'après Bataille par l'horreur de cette tache, et l'incessante agitation qui fut la sienne pour éviter d'y plonger en organisant le sens *autour* d'elle.

Reste qu'en 1948, dans la *Théorie de la religion*, Bataille exprime encore sa dette envers les « thèses, antithèses et synthèses consciemment hégéliennes » de Dumézil, mais aussi, et surtout, envers l'*Introduction à la lecture de Hegel* de Kojève, qui contient « en substance » les mêmes idées que sa *Théorie de la religion* et qui est « non seulement l'instrument premier de la conscience de soi », mais « le seul moyen d'envisager les divers aspects de la vie humaine [...] autrement qu'un enfant n'envisage des actes de grandes personnes ». De sorte que, conclut Bataille, « nul ne saurait actuellement prétendre à la culture sans en avoir assimilé les contenus ». Et en effet, *L'érotisme* avance en 1957, à l'inverse de ce que Foucault croit devoir retenir de l'œuvre de Bataille, une stricte identité entre le transgressif et le dialectique ; dans le chapitre consacré au meurtre et au sacrifice, il écrit : « l'esprit de transgression est facile à concevoir pour celui dont la pensée est à la mesure du mouvement », c'est-à-dire « dont la pensée est dialectique, susceptible d'être développée par renversements ». Le mouvement des interdits, d'abord, sépare l'homme de l'animal, c'est-à-dire du monde de l'immanence et de l'immédiateté de la vie, qui est un monde sans objets et sans sujets, réalisant entre les êtres une parfaite continuité ; puis, dans le mouvement secondaire de la transgression, l'homme se rapproche de l'animal, vit dans l'animal – sous le masque de l'animal – ce qui demeure ouvert à la violence et à l'excès qui commandent le monde de la vie, c'est-à-dire de la mort et de la reproduction. Le monde humain, ainsi « formé dans la négation de l'animalité ou de la nature », écrit Bataille, « se nie lui-même » dans la transgression sacrificielle, et « dans cette seconde négation se dépasse sans toutefois revenir à ce qu'il avait d'abord nié ».

En comprenant l'expérience transgressive du sacrifice comme l'expérience d'un pur et simple retour à la violence du monde sans sujets et sans objets, Foucault, puis Derrida, semblent méconnaître le sens même de l'anthropologie batail-lienne. Disons-le directement : il n'y a pas à chercher une écriture nouvelle, non dialectique, de l'expérience transgres-sive, de la violence du non-sens. Car le dialectique, c'est-à-dire le transgressif ou le sacrifice lui-même – qui est en son essence dialectique (ou pour être plus exact : dialectico-spéculatif) –, est lui-même cette écriture du non-sens, de la violence primordiale de l'immanence, de la violence du sans objets et sans sujets, qui, pour une humanité *à jamais* séparée de la vie et désormais incapable d'une telle violence, ne peut plus que *s'écrire*. Le dialectique, l'*Aufhebung* sacrificielle est l'articulation d'une telle violence au cœur même de l'humanité, c'est-à-dire de ce qui est devenu étranger à cette violence. La transgression est la manière même dont la vie ou l'impossible immanence s'écrit dans la culture humaine qui s'engendre par elle. La *Théorie de la religion*, où Bataille livre les thèses qu'il donnera à lire l'année suivante dans *La part maudite*, est sans équivoque : l'apogée d'un système religieux, c'est-à-dire transgressif (puisque l'acte transgressif est l'acte religieux par excellence), n'est pas dans la consumation la plus dispendieuse de la substance vitale, dans l'excès le plus onéreux, qui signifie plutôt « l'effondrement » d'un tel système. Si le principe du sacrifice est bien, pour Bataille, la destruction, la destruction que le sacrifice veut opérer n'est toutefois pas l'anéantissement. Le sacré est certes « le bouillonnement prodigue de la vie » qui menace « d'opposer à l'activité productrice le mouvement contagieux d'une consumation de pure gloire ». Mais l'homme, parce qu'il est homme, c'est-à-dire séparé de la vie par le travail et la conscience, a peur de l'ordre intime qu'est le sacré. Il reste tenu dans l'angoisse de la mort par l'ordre des choses. Cette angoisse, cette réserve, n'est pas annulée par la transgression : sans la peur du sans-fond, sans la peur de la mort ou, ce qui revient au même, de la vie continue, il n'y aurait pas de sacrifice. Bataille est sur ce point très explicite : « le problème incessant posé par l'impossibilité d'être humain sans être une chose et d'échapper aux limites des choses sans revenir au sommeil animal » reçoit dans la fête sacrificielle une solution « limitée ». La fête « assemble des hommes que la consommation de l'offrande contagieuse ouvre à un embrasement toutefois limité par une sagesse de sens contraire ». Dans la transgression, « c'est une aspiration à la destruction qui éclate, mais c'est une sagesse conservatrice qui l'ordonne et la limite ». Cette détermination du sacrifice qui est d'accomplir l'illimité dans une limite, de réaliser individuellement la désindividuation, de donner forme à l'informe dans une Figure athlétique, contradictoire, qui conjoint l'apparaître et le disparaître, la conscience et l'inconscience, nous l'avons précisément rencontrée lorsque la station hystérique du psychotique nous est apparue comme la station même du sacrifié – et celle-ci comme la station même du philosophe dans la pensée acéphale.

On ne saurait donc reprocher à Hegel, comme le fait Derrida, d'avoir donné une interprétation «trop consciencieuse» du négatif. L'expérience de la transgression ne peut être en effet que «consciencieuse» : l'homme ne saurait entrer de plain-pied dans l'immanence, dans le bouillonnement de la vie ; il ne le peut qu'à travers une chose menacée dans sa nature de chose – c'est-à-dire niée *et* posée comme chose – et donc dans une conscience (la conscience étant ici ce qui, en séparant l'homme de la nature, l'introduit dans l'ordre des choses, c'est-à-dire de l'existence séparée). La transgression n'est pas seulement indéterminante, dissolvante ; elle est – ce que ne peut ni la vie animale ni l'ordre des choses – indéterminante *et* déterminante, dissolvante *et* posante. Elle doit être radicalement déterminante pour être dissolvante, et ne déterminer radicalement qu'à condition d'une radicale dissolution. Cette «synthèse», pour parler comme Bataille, est l'unité et le déchirement conjoints de l'illimité et du limité dans le *sujet* du sacrifice, dans la victime sacrificielle soustraite à l'ordre des choses, immergée dans le courant continu de la vie, mais toujours en tant que chose – dans ce que Hölderlin appelle une séparation sans limite.

Il conviendrait plutôt, alors, de restituer à l'hégélianisme sa vérité et sa dimension anthropologique propre qui est de réaliser, par l'écriture qu'il invente sous l'appellation complexe du «dialectico-spéculatif», dans la pensée, ou *comme* pensée, l'expérience de l'humanité en tant que telle qu'est l'expérience du sacrifice. Il est ainsi remarquable qu'en 1973, lors d'une séance du séminaire de Derrida à l'ENS,

Jean-Luc Nancy ait pu présenter un exposé[1] sur la double signification, chez Hegel, du mot *Aufhebung* (suppression et conservation) en lequel l'*aufheben* était précisément compris, non pas comme servant l'économie restreinte d'un discours différant la dépense pure, mais comme ce qui, passant à côté du jeu des déterminations, « dérange ou interdit le geste de la saisie du sens », fait « déraper » la construction conceptuelle en récusant tout intermédiaire, tout *Mitte* (médian) dans la *Vermittlung* (médiation), réalisant ainsi dans le système un « déréglement subtil et discret », tel que Nancy finit par dire du texte même de Hegel qu'il « se voue à ne jamais trouver ou retrouver son sens, puisque c'est le sens qui est passé par dessus bord, et que cette perte sera toujours soigneusement ménagée au lieu d'être réparée aux moments décisifs de la spéculation, et d'abord au «moment» remarquable de l'*aufheben* ». Nancy retrouvant le vocabulaire de Bataille pour dire « la perte sans retour » qui a lieu « au milieu de l'*aufheben* lui-même ».

LA MÉTAPHYSIQUE DE LA SUBJECTIVITÉ PROPRE ET L'ÊTRE EN SA PROPRE STATION

Mais cet hégélianisme bataillien de Nancy, qui renverse la signification et la valeur attribuée à l'*Aufhebung* par le bataillisme anti-hégélien hérité de Foucault, n'est, à vrai dire pas absent de *L'écriture et la différence*. La lecture des textes que Derrida y consacre à Antonin Artaud fait en effet ressortir, par-delà la revendication affichée d'un hégélianisme sans

1. J.-L. Nancy, *La remarque spéculative*, Paris, Galilée, 1973.

réserve, qui pourrait aussi être dit un « bataillisme excessif », une compréhension de l'acte transgressif plus exacte et plus accordée à la compréhension réelle qu'eut Bataille de la transgression sacrificielle.

L'aventure tentée par Antonin Artaud paraît certes d'abord exemplaire de l'hégélianisme du sacrifice sans réserve. La négativité à l'œuvre en cette aventure vise en effet ni plus ni moins, selon les termes mêmes de *L'écriture et la différence*, la destruction de l'Occident, de sa civilisation, de sa religion et du tout de sa philosophie. Mais, cette destruction, elle ne peut toutefois l'accomplir, pour Derrida, que moyennant la reconduction à une unité antérieure à la dissociation de la *folie* et de l'*œuvre* – c'est-à-dire au partage de la dépense pure et du travail, au partage même de la destruction et de la production des choses, de la vie et de la conscience –; une unité qui, nous allons le voir, ne peut être atteinte qu'à condition de faire *œuvre* de folie, c'est-à-dire d'inscrire la dépense pure illimitante dans la forme limitée d'une œuvre, d'une production déterminée et ordonnée. Une fois de plus : être sujet-objet, être en deçà de la binarité où s'établissent conjointement la conscience et l'ordre des choses, ce n'est nullement retourner à l'informe, mais réaliser l'informe dans une station individuelle, l'a-subjectif dans une expérience subjective déterminée. C'est à éclairer cette unité prédifférentielle de l'œuvre et de la folie, et à rendre compte de sa possible force de destruction à l'égard de la métaphysique occidentale, qu'il nous faut donc encore nous employer pour progresser dans la détermination de cette station si singulière au lieu du sacrifice à laquelle, à la suite d'Antonin Artaud, ont appelé tant Deleuze que Derrida.

Que faut-il d'abord entendre par « œuvre » et par « folie » ? Selon Derrida, l'œuvre se laisse déterminer chez Artaud comme « dépôt »[1], comme « cette partie de moi [qui] tombe loin de mon corps », « l'excrément, la scorie, [la] valeur annulée de n'être pas retenue et qui peut devenir, comme on sait, une arme persécutrice, éventuellement contre moi-même ». Elle est alors la métaphore de moi-même, mon double qui, séparé de moi, existant hors de moi comme signe, objet, langage ou écriture, matière sans vie, sans force ni forme, est livré au commentaire, à l'interprétation, par lesquels je suis dérobé à moi-même. Elle est en un mot ce qui me départit de mon propre et peut m'être objecté. La folie est donc, à l'opposé, *le propre* : la proximité autarcique et vivante à moi-même qu'aucune œuvre, qu'aucune abjection ne vient souiller en introduisant entre moi et moi-même une différence, un intervalle par lequel le commentaire pourrait s'insinuer.

Comme le relève Derrida, et comme on le voit nettement ici, Artaud *sollicite* la métaphysique qu'il entreprend de détruire. Celle-ci est en effet « métaphysique de la subjectivité propre » : comme Artaud, elle objecte au propre l'ab-ject, l'ob-jet, ce que la subjectivité propre rejette d'elle-même hors d'elle-même et qui, ainsi jeté au devant d'elle, lui est opposé.

Mais si Artaud sollicite cette métaphysique du propre, c'est d'abord pour l'ébranler en dénonçant la contradiction dans laquelle elle est entrée historiquement avec elle-même en « [mettant] pour condition au phénomène du propre qu'on se départisse proprement de son propre » dans l'œuvre. En cela, note Derrida, Artaud reprend le geste du jeune Marx, qui, dans

---

1. J. Derrida, *L'écriture et la différence*, « La parole soufflée » (dorénavant cité PS), Paris, Seuil, 1967.

les *Manuscrits de 1844*, requiert cette même métaphysique du propre pour dénoncer l'actualisation du travail producteur au stade de l'économie comme « la perte pour l'ouvrier *de sa réalité*, l'objectivation comme la *perte de l'objet* ou l'*asservissement* à celui-ci, l'appropriation comme […] le *désaisissement* ».

L'*ébranlement* qu'est la dénonciation de la trahison et du mensonge *historique* de la métaphysique de la subjectivité, qui veut faire passer la production d'une œuvre, c'est-à-dire une activité aliénée, pour une actualisation du propre, n'est toutefois pas encore la *destruction* de cette métaphysique. Pour comprendre en quoi consistera, pour Derrida, la destruction artaldienne du tout de la philosophie occidentale, il faut se reporter, dans *L'écriture et la différence*, à la conférence de 1963 sur le *Cogito*. Derrida y précise, hors de toute référence à Artaud, le rapport exact qu'entretiennent, dans la philosophie, la folie et l'œuvre.

Il s'y agit de répondre à la mise en accusation de Descartes par Foucault dans son *Histoire de la folie* : si le *Cogito* échappe à la folie ce n'est pas, comme le pense Foucault, parce que, moi qui pense, je ne veux pas être fou, mais bien parce que la certitude du *Cogito* vaut *même si je suis fou*, même si ma pensée est folle de part en part. Il y a en effet dans le *Cogito* cartésien une « audace hyperbolique » inaperçue de Foucault, qui est de faire retour vers une unité originaire située en deçà du couple que forment la raison et la déraison déterminées. Confrontée à l'aventure artaldienne, qu'elle éclaire en retour, l'audace de Descartes prend toute sa dimension : excéder, dans l'« hyperbole démonique » du doute, la totalité de l'étantité et du sens déterminés, comme de l'histoire de fait, vers le non-déterminé, vers le Rien, et rompre avec l'œuvre, le dépôt qu'est l'étant réel, excrément de l'esprit, c'est, pour Derrida, une seule et même chose : c'est « folie pure ».

Le *Cogito* cartésien – non pas le *Cogito* proféré, réfléchi, repris dans l'économie de la parole et offert au commentaire, mais le *Cogito* silencieux de celui qui se trouve être pendant qu'il pense « même si la totalité du monde n'existe pas, même si le non-sens a envahi la totalité du monde, y compris le contenu de ma pensée » –, ce *Cogito*, en laquelle la pensée est présente à elle-même en propre, sans déchet et sans intervalle, désigne très exactement ce qu'il faut entendre par « folie » : l'être purement subjectif, absolument non objectif, l'être au-delà de l'être objectif – le subjectif en tant qu'il est sans rapport à autre chose que soi (et donc nullement la subjectivité d'un sujet corrélé à un objet).

Or, cette présence autarcique, pour ainsi dire, au milieu de l'excès est proprement *effrayante* : « rien n'est moins rassurant que le *Cogito* dans son moment inaugural et propre », écrit Derrida. C'est pourquoi Descartes, dès qu'il a atteint ce moment, « s'effraie », puis « se rassure » en le réfléchissant dans le langage, en l'objectivant et en en communiquant le sens déterminé dans un discours philosophique organisé, un système de déductions et de protections. De sorte que l'errance hyperbolique du purement subjectif vient ainsi, chez lui, s'abriter (et s'aliéner) en Dieu, qui est « l'autre nom de l'absolu de la raison *elle-même* » par quoi le *Cogito*, réduit à l'état de trace, conservé et différé comme trace, annulé comme pure présence à soi de la pensée, est livré au commentaire qui le transformera en une structure déterminée, finie, de l'histoire de la philosophie.

Or, cette exclusion de la folie par la philosophie est, pour Derrida, « différ*a*nce de l'excès absolu », c'est-à-dire elle-même un mouvement actif – une différence en train de s'établir – *à partir de cet excès*; un mouvement qui cherche à oublier cet excès, à le neutraliser, en le retenant dans le dépôt d'une œuvre-déchet, et ne peut donc manquer de constamment le présupposer. En cette mesure, la crise qui oppose la philosophie à la folie pure de l'hyperbole démonique – et d'où elle naît – est, *essentielle* et *éternelle*. Par la reprise rassérénante dans une parole articulée, la philosophie, certes, oublie et se protège, mais elle ne cesse, aussi, de s'exposer – au sens où elle demeure toujours exposée au danger et où elle trahit sa frayeur. Cette protection/exposition est *économie*. L'hyperbole, l'ouverture absolue, la dépense anéconomique du *Cogito* bataillien est contrée dans l'économie d'un discours que soutient un « vouloir-dire-l'hyperbole-démonique », qui n'est pas n'importe quel vouloir, mais la profondeur originaire de tout vouloir en général; la profondeur originaire de tout vouloir étant ainsi de vouloir réchapper de la station interminable dans l'indistinction de la raison et de la folie, de vouloir se protéger de « l'au-delà de l'être » où conduit l'hyperbole-démonique, par la stance métaphorique dans l'œuvre. Tout vouloir confessant ainsi la tentation et la frayeur du *nefas* hyperbolique.

Or, cette mise en sécurité, cette manière de « se rassurer dans la différ*a*nce, c'est-à-dire dans l'économie » [1], si caractéristique du « système de la peur » qu'est le théâtre du souffleur – du théâtre de la parole soufflée par le texte, par l'auteur, l'esprit, Dieu –, voilà ce qu'Antonin Artaud refuse et ce qu'il entreprend de détruire. Dire qu'il refuse la différ*a*nce rassurante ne signifie pas qu'il récuse toute parole ou toute écriture au profit de la seule folie silencieuse, mais seulement la parole

1. PS, p. 285.

et l'écriture en tant qu'elles *économisent* la dépense pure hyperbolique et forment un tel « système de la peur ». La destruction (et non plus le seul ébranlement) de la métaphysique occidentale consiste alors très exactement dans la construction d'une autre parole, d'une autre écriture non économique, qui ne *veut pas* dire, ne cède pas à la « passion première »[1] du vouloir-dire-l'hyperbole-démonique.

La destruction de l'Occident, de l'histoire de sa philosophie, par Antonin Artaud n'est, à vrai dire, possible que dans la mesure où l'Occident est depuis son commencement plongé dans la crise en laquelle la raison – en cela, pour Derrida, « plus folle que la folie » – entre dans l'oubli de soi, dans l'oubli d'elle-même comme pensée pure sans différence, et se fait discours, pensée articulée. Car, il y a bien une « *autre* folie »[2] que la folie pure, une autre aliénation que celle que la métaphysique occidentale comprend comme déréglement ou défaillance de la raison discursive : l'aliénation même *qu'est* cette métaphysique, la folie de « la métaphysique vivant *dans* la différence, dans la métaphore et dans l'œuvre, donc dans l'aliénation, sans les penser *comme telles* ». En ce sens, la folie Antonin Artaud, plus proche de la source vive du sens, est, pour Derrida, « plus rationnelle que la folie »[3].

Si la destruction de l'Occident par Artaud est possible, c'est précisément parce que le conflit de ces deux folies – la folie de l'œuvre et la folie du propre – habite déjà l'Occident. La destruction Antonin Artaud opère alors non pas en désertant l'Occident, en se retirant vers la source silencieuse et

1. CHF, p. 96.
2. PS, p. 290.
3. CHF, p. 96.

seulement murmurante du sens, mais en habitant résolument ce conflit, en se plaçant en lui pour l'exacerber et devenir ainsi la conscience lucide de ce que l'Occident s'efforce d'oublier de lui-même. De sorte que la destruction est ici, en réalité, réappropriation, accomplissement de la visée propre, actualisation de ce qui est détruit – c'est-à-dire *accomplissement de la métaphysique de la subjectivité propre.*

Voilà ce qui très précisément intéresse Derrida chez Artaud, la question qu'il a voulu poser en lui consacrant sa réflexion : la question de « l'appartenance nécessaire de tous les discours destructeurs, qui doivent habiter les structures qu'ils abattent et y abriter un désir indestructible de présence pleine, de non-différence »[1]. Quelle est, pour Derrida, la réponse d'Antonin Artaud à cette question ? Elle consiste précisément dans l'unité de l'œuvre et de la folie. Si l'œuvre, et donc la dissociation de l'œuvre et de la folie, est caractéristique de l'Occident en ceci qu'il cherche essentiellement à se protéger par l'œuvre du danger de la folie, la réalisation de l'unité de l'œuvre et de la folie, sera la destruction de l'Occident. Non pas le renoncement à l'œuvre, mais très exactement l'acte de faire œuvre de folie, de confondre dans un art sans œuvre le propre et l'œuvre, de faire du propre *en tant que tel* une œuvre. Une œuvre paradoxale, donc, en ceci qu'elle ne protège plus de la folie, mais une *œuvre* tout de même, c'est-à-dire une différence qui s'expose, se conserve, demeure au sein de l'institution qu'elle détruit, et qui la détruit d'autant plus sûrement qu'elle lui appartient.

Le rapprochement avec Marx esquissé par Derrida peut être prolongé sur ce point. Comme l'a montré Franck Fischbach

1. PS, p. 291.

dans le chapitre qu'il consacre à Marx dans *L'être et l'acte*[1], l'appropriation révolutionnaire, que, sous le terme de *Selbstbetätigung* (auto-activation), Marx comprend comme destruction de la production aliénante, doit réaliser l'unité d'une *praxis*, d'un agir sur soi, et d'une *poiesis*, d'un faire extérieur. L'unité d'un se-faire-soi-même-en-propre hors de et contre toute production et d'un faire. La destruction consistant ainsi, chez Marx comme chez Artaud, dans une poièse singulière, qui, bien qu'ayant son lieu dans la production, demeure absolument irréductible à une activité de production – qui tout en œuvrant, en faisant effectivement œuvre, détruit l'œuvre. C'est cette poièse paradoxale qu'il nous faut à présent décrire pour donner sens au mot d'ordre artaldien d'une unité de l'œuvre et de la folie.

L'AUTRE DIFFÉRENCE SEXUELLE
ET LA DISSÉMINALITÉ

Il est vrai qu'Antonin Artaud est d'abord, pour Derrida, une « existence refusant de signifier », un « art qui s'est voulu sans œuvre », un « langage qui s'est voulu sans trace », « c'est-à-dire sans différence »[2]. À la représentation, la suppléance, la délégation dans le spectacle ou le langage, Artaud, comme Rousseau, substitue l'idéal d'une présence pure. Son ambition est de « rejoindre sa naissance dans une parfaite et permanente présence à soi ». L'œuvre étant cette partie de moi qui, tombant

1. F. Fischbach, *L'être et l'acte, Enquête sur les fondements de l'ontologie moderne de l'agir*, Paris, Vrin, 2002.

2. PS, p. 261.

loin de mon corps, répète, comme chaque défécation, la déperdition originaire de ma naissance au champ de l'Autre (Dieu, le langage articulé, le sens, la parole soufflée…), la présence pure est alors présence d'un corps sans œuvre, d'un « corps-propre-debout-sans-déchet », qui, refusant la stance métaphorique dans l'œuvre (« être-debout-hors-de-soi-dans-l'œuvre-volée »), est « en sa propre station ». Une station qu'Artaud dit ainsi dans *le Pèse-Nerfs* : « pas d'œuvres, pas de langue, pas de parole, pas d'esprit, rien. / Rien, sinon un beau Pèse-Nerfs. / Une sorte de station incompréhensible et toute droite au milieu de tout dans l'esprit » – de l'esprit, ajoute Derrida, « comme corps propre, pensée non séparée, esprit «obscur» ».

Ce serait toutefois une erreur de croire qu'en cette station incompréhensible Artaud rejette l'œuvre. « Mon œuvre, ma trace, l'excrément qui *me* vole *de* mon bien », écrit Derrida, « doit donc être refusé ». « Mais le refuser », poursuit-il, « ce n'est pas ici le rejeter, c'est le retenir. Pour me garder, pour garder mon corps et ma parole, il me faut retenir l'œuvre en moi, me confondre avec elle […], l'empêcher de déchoir loin de moi comme écriture ». Le rejet serait encore une défécation. Le corps propre doit être lui-même l'œuvre non abjecte, non rejetée.

Cette rétention de l'œuvre dans le corps propre, cet accomplissement non contradictoire du propre en œuvre, est d'abord « fermeture du corps sur soi et réduction de la structure organique ». L'unité prédifférentielle de l'œuvre et de la folie réside ici dans la destruction, la liquidation de tous les orifices, c'est-à-dire de tous les organes, puisque le centre de tout organe, « lieu de la déperdition », a toujours la forme de l'orifice, et dans l'auto-engendrement d'un corps sans organes et sans béance. L'œuvre non abjecte, l'œuvre inarticulée qu'Antonin Artaud dresse contre l'œuvre en laquelle l'Occident s'abrite de la folie pure, est d'abord l'œuvre de son propre corps repris au dérobement de sa naissance par l'ouverture d'un orifice.

Cette régénérescence de soi-même, que Derrida, dans *Artaud le Moma*, interprète comme « la grande affaire » de la plupart des dessins et des auto-portraits exposés à New York en octobre 1996, constitue, on le sait, le motif de *Ci-Gît* : « Moi, Antonin Artaud, / Je suis mon fils, mon père, ma mère, et moi ; / niveleur du périple imbécile où s'enferre l'engendrement, / le périple papa-maman / et l'enfant »[1]. Elle définit aussi l'œuvre propre au théâtre de la cruauté. De même, en effet, que l'auto-engendrement du corps propre est annulation de toute différence insinuée entre soi et soi-même par où peut s'introduire la parole soufflée – c'est-à-dire inspirée depuis une autre voix –, de même qu'il est constitution autarcique de soi-même en une seule pièce inarticulée, de même la représentation du théâtre de la cruauté est production d'un espace *clos*, c'est-à-dire « produit du dedans de soi et non plus organisé depuis un autre lieu absent, une illocalité, un alibi ou une utopie invisible »[2]. Il est même remarquable que le motif de *Ci-Gît* déjà cité (« Moi, Antonin Artaud, / Je suis mon fils… ») apparaisse à Derrida comme la meilleure définition de la scène de la cruauté « hors de toute référence apparente au théâtre »[3]. La scène de la cruauté est ici un autre nom pour l'œuvre révolutionnaire, unité d'un se-faire autarcique et d'un faire :

1. J. Derrida, *Artaud le Moma* (dorénavant cité AM), Paris, Galilée, 2002, p. 43.

2. J. Derrida, *L'écriture et la différence*, « Le théâtre de la cruauté et la clôture de la représentation » (dorénavant cité TC), Paris, Seuil, 1967, p. 349.

3. PS, p. 285.

elle est elle-même ce qui peut rendre à l'immédiate autarcie de ma naissance et du corps auto-engendré. Il n'y a ici pas le moindre écart entre l'auto-engendrement du propre et l'œuvre pure de la représentation théâtrale, qui ne laisse derrière soi, derrière son actualité, aucune trace, aucun objet à emporter – aucun excrément.

La liquidation des organes est aussi la liquidation du sexe, dans la mesure où il est organe, c'est-à-dire « autonomie arrogante d'un objet enflé et plein de soi »[1]. « Ni père ni mère / ni homme ni femme », « ayant toujours été homme »[2], et même « homme vrai », Artaud, en tant qu'il est par l'auto-engendrement « refait d'une seule pièce », « n'a pas de sexe »[3]. Mais s'il n'a pas de sexe, c'est parce qu'il doit être son sexe. Un sexe propre, non organique. L'énigme d'un tel sexe qui tout en refusant la différence des deux sexes déterminés demeurerait néanmoins un sexe, c'est-à-dire une *différence sexuelle*, traduit bien la difficulté qu'il y a à penser dans le corps sans organes l'unité de l'œuvre et de la folie par quoi Artaud entreprend de détruire l'Occident.

L'idée d'une autre différence sexuelle qui ne serait pas scellée par le deux, pas encore ou plus déposée dans le deux, aura en tous cas préoccupé Derrida. C'est vers une telle idée que s'avancent les deux études consacrées au *Geschlecht* chez Heidegger[4]. Dans la première, *Différence sexuelle et différence ontologique*, Derrida traite de la question de la

---

1. PS, p. 280.
2. AM, p. 91.
3. PS, p. 280.
4. J. Derrida, « Différence sexuelle, différence ontologique (*Geschlecht* I) » (dorénavant cité DSDO), dans *Heidegger et la question. De l'esprit et autres essais*, Paris, Flammarion, 1990, p. 172.

neutralité sexuelle du *Dasein* telle qu'elle fut abordée par Heidegger dans un cours de 1928. Il y soutient que la sexualité, sous l'aspect d'une différence sexuelle « qui ne serait pas encore dualité sexuelle, différence comme duel », est une structure ontologique du *Dasein*, c'est-à-dire de l'ipséité la plus originaire – ou, pour parler dans les termes que nous avons utilisés jusqu'ici, du « propre » en tant qu'il se situe en deçà ou au-delà de l'objet (et donc de la subjectivité comme rapport à un objet). Comme telle, c'est-à-dire comme *existential*, cette sexualité prédifférentielle désigne simplement la possibilité interne qu'abrite en soi le *Dasein* d'une certaine dissociation, dispersion, dissémination ou multiplication, dont Derrida souligne avec insistance le caractère *non négatif*. Car cet être-dissocié, cette dispersion transcendantale, n'est en rien « une chute ou un accident, une déchéance survenue »[1], mais une possibilité qui va de pair avec l'isolement de l'homme en tant que *Dasein*, pour autant que celui-ci n'est pas sans corps propre.

La destruction des organes, la liquidation artaldienne du sexe, la reconstruction du corps propre, reconduisent ainsi à la solitude métaphysique du *Dasein* heideggerien, dont Derrida dit que le *Da* est « déjà «sexuel» »[2], précisément au sens de cette autre différence sexuelle qu'accomplit la liquidation du sexe. Elles reconduisent à la présence pure de « l'homme vrai », non pas en un sens anthropologique ou éthique, mais *ontologique*, c'est-à-dire à l'homme que Artaud dit être « *là* depuis toujours », dans une isolation essentielle, depuis toujours corps et homme, soustrait à tout commentaire, toute

1. DSDO, p. 161.
2. *Ibid.*, p. 159.

répétition, dans une *différence pure* qui est elle-même ouverture d'un monde, possibilité d'espacement, de dissémination, de dispersion, de conflagration, de multiplication originaire, intensive, non spatiale, prédifférentielle, sans reste. Cette disséminalité est la possibilité d'une *dépense pure*, d'une dépense qui – comme la dépense du *Cogito* inaugural qui, pour Derrida, nous l'avons vu, ouvre et fonde le monde en l'excédant comme tel – est sans économie, sans retour, sans histoire. Et c'est peut-être ce qu'il faut entendre par cette autre différence sexuelle, cette sexualité préduelle comme existential : une ipséité comme apérité, comme ouverture à une altérité qui ne se tient pas dans le vis-à-vis, qui n'est pas encore déposée sous forme d'objet.

C'est de cette sexualité généreuse d'avant la différence des sexes que parle Derrida lorsque, dans *Artaud le Moma*, il se dit « *foudroyé* »[1] par l'événement nommé Antonin Artaud : « dans le mot *foudre*, on entend l'explosion d'un missile, la déflagration du souffle ou la conflagration d'une bombe incendiaire. Mais on entend aussi [...] le *foutre* (la copulation et le sperme), qui multiplie les affinités avec le vocable *poudre* (l'un des mots bien aimés d'Artaud pour désigner aussi bien la poudre de canon, la poussière séminale, le fard, le pigment pictural de la couleur [...]) et surtout avec la monosyllabe *fou* et donc avec le mot de *mômo*, qui signifie, entre autres choses le cinglé »[2]. « La foudre », poursuit Derrida, « n'est pas loin du foutre, elle enflamme le sperme vivant, et cette torche folle n'est rien d'autre que le corps, le corps propre lui-même ». Car, « si l'esprit sans le corps, c'est la semence morte », de la « lavette

1. AM, p. 18.
2. *Ibid.*, p. 34.

de foutre mort» dit Artaud, «le corps, lui», commente Derrida, «c'est le sperme vif, le foutre brûlant, le canon chaud». On ne saurait mieux dire, en tous cas plus directement, l'unité, dans le corps régénéré sans organes, de la jetée, de la folie, de la conflagration destructrice de tout objet ou reste, de la sexualité et de la dissémination. À la structure de la représentation dans la différance, c'est-à-dire pour autant qu'elle diffère et délègue, Derrida oppose la pure actualité d'une éjaculation instantanée et «hâtive» – à l'excrément, le sperme vif.

Puisque la scène du théâtre de la cruauté se confond en son autarcie avec le corps propre régénéré, puisqu'elle s'annule comme lieu, c'est-à-dire comme espace indifférent, pour se faire le «là» de celui qui est «là depuis toujours», elle est elle-même, dit Derrida dans la conférence de Parme sur *Le théâtre de la cruauté*, une telle «dépense pure comme différence pure». La représentation n'y est pas répétition, mais auto-présentation, archi-manifestation d'une ipséité. À l'opposé de la différance qui détend et libère le jeu du signifiant, insinue la parole soufflée, et multiplie ainsi les lieux et les moments du dérobement, l'«espacement» propre à la disséminalité de la représentation originaire dans le théâtre de la cruauté ne multiplie pas les lieux, n'étend pas au sens de l'*extensio* carté-sienne : s'il déploie un volume, un milieu à plusieurs dimen-sions, produit bien un espace, cet espace est cependant tel «qu'aucune parole ne saurait [le] résumer ou [le] comprendre, le supposant d'abord lui-même». Le théâtre de la cruauté se tenant ainsi constamment à l'origine de l'espacement – au «lieu» innommable où s'étend et s'étire le *Dasein* – avant que cet espacement devienne langage et se soumette à sa loi.

La multiplication disséminale que libère la clôture sur soi de l'espace scénique soustrait à la parole soufflée est intensive : « conflagrations inouïes de forces et d'images, semées de-ci de-là de dialogues brutaux » [1], dépense pure d'une *energeia* non signifiante en une multiplicité de signes illisibles et d'actes sans retour, consumant le présent dans l'unique fois, « offrant l'unicité du présent à la mort pour faire apparaître le présent *comme tel* » [2]. C'est en associant étroitement l'isolement métaphysique du propre à une telle dissémination d'éléments phonétiques, visuels, picturaux, plastiques, qu'Artaud détruit, pour Derrida, la métaphysique du propre fourvoyée dans la production, égarée dans l'idée du propre comme subjectivité constituante d'objets.

LA RESTANCE D'UNE VIOLENCE

La poièse énigmatique en laquelle s'accomplit l'unité de l'œuvre et de la folie se laisse donc d'abord comprendre comme auto-engendrement et conflagration disséminatrice, et même comme unité d'un auto-engendrement et d'une dissémination. Mais la dispersion séminale ne consiste pas dans un abandon à l'anarchie improvisatrice, dans un délaissement au caprice de l'inspiration inculte. À maintes reprises, Derrida insiste sur le caractère « systématique » [3] du théâtre de la cruauté, sur la nécessité et la rigueur de la prescription qu'il doit mettre en œuvre ; ainsi : « le théâtre de la cruauté est bien

1. PS, p. 283.
2. TC, p. 362.
3. *Ibid.*, p. 351.

un théâtre du rêve, mais [...] d'un rêve calculé, dirigé, par opposition à ce que Artaud croyait être le désordre empirique du rêve spontané ».

La rigueur, la maîtrise « terrible »[1], l'extrême précision de la poièse paradoxale, destructrice de l'œuvre, que Derrida cherche ici à penser, est, par exemple, caractéristique de la glossopoièse artaldienne. Celle-ci, en effet, « reconduit *au bord* du moment où le mot n'est pas encore né, quand l'articulation n'est plus le cri mais pas encore le discours, quand la répétition est *presque* impossible ». La précision y est de se tenir constamment en deçà de la séparation *imminente* du signe et de la force, du concept et du son, du signifié et du signifiant, du pneumatique et du grammatical, de l'âme et du corps, etc., qui a lieu dans le mot, « cadavre de la parole psychique ». Elle est de séjourner dans une unité qui est *sur le point* de se perdre, de déchoir en discours, en écriture et en œuvre ; le point de précision, et l'unité de la folie et de l'œuvre, consistant ainsi très exactement dans cet entre-deux du *déjà plus* la folie silencieuse et du *pas encore* l'œuvre aliénante – dans un point *pré*différentiel qui est lui-même entre l'unité *in*différenciée et la séparation.

Or, une telle précision est proprement « athlétique »[2]. Elle s'applique à refuser l'écriture par la production d'une nouvelle écriture, d'une « rigoureuse écriture du cri, [d']un système codifié des onomatopées, des expressions et des gestes », que Derrida présente comme « la plus impérieuse, la plus réglée, la plus mathématique, la plus formelle » des écritures. L'athlétisme résidant ainsi dans une écriture qui à la fois *s'efface*

1. PS, p. 289.
2. PS, p. 287.

comme écriture et *se retient* elle-même – dans une écriture qui, tout en « réduisant [son] intention logique »[1], en détruisant l'économie, l'articulation grammaticale du discours, soumet cependant les signes physiques « non transgressés vers le concept »[2], les onomatopées et les interjections qu'elle substitue au mots, à la nécessité d'une grammaire des plus strictes.

Il importe ici de souligner que la destruction n'est, pour Derrida, efficace qu'à condition d'un tel « acharnement » à préserver et à construire. C'est à « cette minutieuse et patiente et implacable sobriété dans le travail de la destruction »[3], à cette acuité économe de la destruction menée par Antonin Artaud, qu'il faudrait, d'après Derrida, être fidèle (s'il y avait quelque sens à parler d'une fidélité à Artaud).

L'unité de l'œuvre et de la folie que nous avons compris comme autoengendrement du corps propre et dissémination transcendantale, est aussi rétention de l'œuvre dans sa destruction, construction, production d'une œuvre retenue dans le mouvement même de la détruire.

Ce dernier aspect est, tout naturellement, au centre de la conférence de New York. Tout naturellement, puisque celle-ci est provoquée par l'exposition de l'« œuvre » picturale d'Antonin Artaud. Derrida y cite une déclaration d'Artaud sur ses dessins d'après laquelle : « aucun n'est à proprement parler une œuvre »[4], mais « tous sont des ébauches, je veux dire des *coups de sonde ou de butoir donnés* dans tous les sens du

1. TC, p. 351.
2. PS, p. 287.
3. TC, p. 358.
4. AM, p. 68.

hasard, de la possibilité, de la chance, ou de la destinée ». Ces
coups renvoient bien sûr à « la foudre graphique qui incendie
tous les dessins », c'est-à-dire à ce que nous avons précédem-
ment décrit comme la disséminalité propre du corps régénéré
d'Antonin Artaud ; mais l'attention de Derrida se concentre ici
sur la nécessité de faire vivre et survivre cette précipitation du
coup. Il faut que cette annulation de tout reste dans la dépense
pure du coup puisse elle-même *rester*, que la destruction se
garde pour effectivement détruire. L'instant du coup doit donc
être divisé ou redoublé pour garder la trace de son propre coup.
Cette itération du coup, c'est son retentissement, sa répercus-
sion, son contre-coup, ce qui lui permet de « faire œuvre » et
d'habiter la structure qu'il détruit : « le musée, […] l'histoire
de l'art, […] la famille chrétienne, son droit, son capital, son
État ».

La dépense pure de l'« *action drawing* », comme coup,
comme événement instantané, la frappe, l'inscription violente
et hâtive d'une empreinte, en quoi consiste cette action
destructrice du faire (pour autant que le faire est production
d'objet), bien que n'étant pas orientée en direction de l'œuvre,
vise cependant une certaine « restance »[1], un redoublement,
qui n'est pas le redoublement de la représentation, qui ne
l'éloigne pas d'elle-même, qui l'itère, mais sans la répéter
dans un double sans vie. Bien que consistant dans une pure
praxis, la dépense pure du coup porté par l'*action drawing*
« cherche néanmoins à produire des effets au-delà de ce qu'elle
détruit », à *donner* des coups au-delà du coup qu'elle *est*. Elle
vise un contre-coup. La poièse paradoxale qu'accomplit le
coup artaldien fait ainsi œuvre dans le redoublement de ce

1. AM, p. 71.

coup, dans le contre-coup donné par sa trace sur le support, le mur de l'institution, l'hospitalité policée de l'hôpital ou du musée.

L'unité de la folie et de l'œuvre consiste bien ainsi à faire œuvre, mais à faire une œuvre *cruelle*, dont la précision, l'écriture minutieuse, ne protège plus du chaos, mais y expose, dont la « restance » n'est pas la restance d'un objet, mais d'une violence, d'un acte sans reste.

Cette violence est exactement la violence du sacrifice religieux ; et il paraît bien que l'hégélianisme sans réserve de Derrida rejoint en fait singulièrement l'hégélianisme de Bataille en mesurant la négativité, la puissance destructrice de la folie à sa possible restance, à sa capacité de faire œuvre – de maintenir ce qu'elle détruit.

La conférence de Parme met en avant cette violence comme celle d'un « meurtre » : « un meurtre est toujours à l'origine de la cruauté », écrit Derrida ; ou encore : la cruauté est « la conscience du meurtre ». Mais de quel meurtre au juste ? La réponse qui s'impose est bien sûr d'abord celle du parricide : le meurtre est celui du « détenteur abusif du logos », le meurtre du père, de Dieu. Mais le meurtre de Dieu, l'athéisme, n'est pas ici un renoncement au divin. Bien au contraire : « une nouvelle épiphanie du surnaturel et du divin doit se produire dans la cruauté. Non pas malgré mais grâce à l'éviction de Dieu ». Il s'agit par le meurtre de Dieu de réveiller le sacré, de substituer à la théologie une « expérience «mystique» de la «révélation», de la «manifestation» de la vie, en leur affleurement premier ». C'est pourquoi le meurtre de Dieu est « d'abord [le meurtre] de l'homme-Dieu », c'est-

à-dire de sa médiation, comme d'ailleurs de toute interces-
sion entre l'homme et Dieu. Le point est important : avant le
moment de sa naissance où Dieu « se projeta à travers [son]
corps »[1] pour passer premier et naître à sa place, Antonin
Artaud « étai[t] dieu, / véritablement dieu ». L'expérience de
l'unité de l'œuvre et de la folie accomplie par le meurtre de
Dieu et la régénération du corps propre sans organes sera donc
la reconquête par un homme de son identité à soi comme dieu.

Comme le relève Derrida, Artaud puise ici à la source du
dionysisme, qui tendait à supprimer le partage de l'humain et
du divin, du bestial et de l'humain, en ruinant par la sauvagerie
le système politico-religieux de représentation et de vicariance
institué par la Cité. Le rapprochement avec Nietzsche s'impose
de lui-même, et Derrida l'esquisse à plusieurs reprises en
notant certaines « affinités »[2], « d'étranges ressemblances »[3]
entre les deux auteurs.

Comme l'art dionysiaque nietzschéen, le théâtre de la
cruauté est sans auditeur, sans spectateur et sans spectacle,
consistant dans l'éruption endémique d'une fête. Comme la
fête dionysienne, il est un « *acte* politique », et même « un *acte*
de révolution politique » (Derrida le rapproche de ces fêtes
publiques sans exposition ni spectacle, que Rousseau voulait
substituer aux représentations théâtrales, et qui conviendraient
à une société parfaitement présente à soi). Mais il y a aussi un
danger de la fête que n'ignore pas Artaud, qu'il comprend
même comme un « danger absolu », « sans fond » ; le théâtre de

1. PS, p. 269.
2. TC, p. 344.
3. PS, p. 277-278 ; *cf.* aussi TC, p. 360-361.

la cruauté étant précisément, pour Derrida, d'exposer sans réserve, sans « garde-fou », à un tel danger.

Nous avons plus haut parlé de cette duplicité du dionysiaque, à la fois réappropriation, possession immédiate du divin dans une révélation directe et danger absolu; nous avons déjà identifié ce danger qui couve au cœur de la fête dionysiaque, le danger d'une perte irréparable et effroyable : le meurtre et la dévoration festives de l'enfant. Le meurtre dont Artaud est la conscience, le meurtre qu'il expose à la face de la civilisation occidentale, de sa religion et du tout de sa philosophie, comme le meurtre sur lequel elle repose, le meurtre qu'il dénonce en commettant lui-même le meurtre du père, c'est-à-dire en exposant de nouveau au danger absolu de la fête dionysiaque – ce meurtre, qu'il jette à la face de l'Occident, c'est le meurtre de l'enfant, son propre meurtre par Dieu alors qu'enfant, en deçà de la naissance désappropriatrice en un corps abject, il « était dieu » et « évoluait vers la pureté intégrale »[1]. Le retentissement des coups qu'il porte contre l'œuvre et la tradition oublieuses de leur trahison et de leur crime n'a pas d'autre fin que de marquer les structures mêmes qu'il détruit et qu'il habite (la représentation, l'écriture, l'œuvre, le théâtre, l'art…) de l'empreinte de ce meurtre.

C'est en ce sens qu'il faut comprendre la justesse du titre donné par Derrida à la conférence de New York : *Artaud le Moma*. Ce qui doit, en effet, se garder et s'exposer sur les murs du musée pour détruire le musée (on sait que « Moma » est le surnom du *Museum of Modern Art* de New York), c'est bien Artaud le Mômo, c'est-à-dire au premier chef, d'après

1. PS, p. 269.

Derrida, « le môme, l'enfant, le mioche »[1]. Certes, « Mômo l'enfant, l'innocent, le fou désarmé », mais aussi et surtout « ce Mômo meurtri assassiné, mortifié, momifié », qui cherche à renaître dans un corps tout neuf : Dionysos enfant.

1. AM, p. 44.

Chapitre III

LA PROMENADE DU SCHIZOPHRÈNE

Le corps sans organes artaldien, nous venons de le voir, fait son entrée en philosophie chez Derrida, en 1965, dans *La parole soufflée* (reprise en 1967 dans *L'écriture et la diffé-rence*). C'est en 1969 qu'il apparaît, chez Deleuze, dans la *Logique du sens*; mais c'est en 1972, dans *L'Anti-Œdipe* de Deleuze et Guattari, qu'il devient proprement un *concept* philosophique, c'est-à-dire se voit conférer la force d'ouvrir un véritable champ d'expérience au-delà de l'œuvre même d'Antonin Artaud. Il est impossible de rendre compte de cette ouverture sans être d'abord attentif aux modalités de l'écriture philosophique propre à *L'Anti-Œdipe*.

L'Anti-Œdipe tente, en effet, une nouvelle écriture que ses auteurs définiront plus tard, afin d'en radicaliser la pratique, comme ignorant toute arborescence hierarchisée pour opérer « immédiatement dans l'hétérogène »[1] – une écriture qui propose, plutôt qu'un calque visant à simplement décrire un état de fait à partir d'un axe génétique ou d'une structure profonde, une carte à entrées multiples libérant une expéri-

---

1. G. Deleuze, F. Guattari, *Rhizome*, Paris, Minuit, 1976, p. 31.

mentation, une performance en prise sur le réel. Cette tentative appelle en retour une autre manière de lire le livre dont Deleuze et Guattari formulent ainsi le mot d'ordre : « prenez ce que vous voulez. […] Le livre n'est pas […] une belle totalité organique, ce n'est pas non plus une unité de sens. […] Trouvez des morceaux de livres, ceux qui vous servent ou qui vous vont. […] Dans un livre il n'y a rien à comprendre, mais beaucoup à se servir. Rien à interpréter ni à signifier, mais beaucoup à expérimenter. Le livre doit faire machine avec quelque chose, il doit être un petit outil sur un dehors ».

Forts de cette invitation, nous isolerons donc dans *L'Anti-Œdipe*, pour commencer, l'un des « blocs friables »[1] qu'il laisse surnager, et lui donnerons la valeur d'être l'une de ces entrées multiples de l'ouvrage comme instrument d'une expérimentation philosophique singulière – qui s'avérera être très précisément celle du corps sans organes. Ce morceau de livre se trouve au tout début de l'« Introduction à la schizo-analyse »; il s'agit d'une note en laquelle Spinoza est convoqué d'une manière qui peut paraître secondaire, mais qui concerne en réalité intimement son entreprise philosophique, et qui, en tous cas, éclaire d'une manière saisissante la critique du familialisme psychanalytique à l'œuvre dans *L'Anti-Oedipe*. La note vient étayer l'affirmation selon laquelle la communication des inconscients, rencontrée par Freud de façon marginale dans ses remarques sur l'occultisme, « constitue en fait la norme, et rejette au second plan les problèmes de transmission héréditaire qui agitaient la polémique Freud-

---

1. *Ibid.*, p. 71-72.

Jung »[1]. Elle trahit une certaine déception à l'égard des auteurs qu'elle mobilise. En voici le texte : « c'est aussi dans la perspective des phénomènes marginaux de l'occultisme que le problème pourtant fondamental de la communication des inconscients fut posé d'abord par Spinoza dans la lettre 17 à Balling puis par Myers, James, Bergson, etc. ».

HALLUCINATION ET COMMUNICATION
DES INCONSCIENTS

La lettre à Balling du 20 juillet 1664 tente d'expliquer le présage qu'a eu un père de la mort de son fils – pour être plus précis, et pour parler le langage de Bergson : l'hallucination « véridique » d'un père ayant entendu, alors que son fils était en bonne santé, les mêmes gémissements que celui-ci poussera au moment de sa maladie et peu avant sa mort. Spinoza interprète ce fait comme signifiant la possibilité pour un père aimant d'imaginer avec vivacité ce qui découle de l'essence de son fils, dans la mesure où, par cet amour, il ne forme plus avec son fils qu'un seul et même être. Un amour qui n'est pas amour de l'autre en son essence générique et abstraite, mais dans son essence éternelle et singulière de mode fini, c'est-à-dire au point de vue de sa production en Dieu. Une connaissance de l'essence *sous l'espèce de l'éternité* que l'*amour intellectuel de Dieu* étend à tous les hommes. L'hallucination auditive du père n'étant ainsi susceptible d'être dite *véridique* qu'en tant qu'elle s'explique par la

---

1. G. Deleuze, F. Guattari, *Capitalisme et schizophrénie, L'Anti-Œdipe* (dorénavant cité A-Œdipe), Paris, Minuit, 1972, p. 328.

participation du père à l'essence idéale du fils et par la connaissance qu'elle enveloppe des affections du fils. Ce que Deleuze
et Guattari entendent par communication des inconscients
résidant précisément dans cette participation.

Dans l'important chapitre qu'il consacra en 1969 à la vie
éternelle interhumaine, à la fin d'*Individu et communauté chez
Spinoza*, Alexandre Matheron s'était demandé si Spinoza
avait vraiment pensé que la connaissance du troisième genre
était susceptible de fonder une communication entre deux
individus X et Y telle que la connaissance de l'ensemble XY
par X (l'amour intellectuel que X éprouve pour lui-même et
pour Y) et la connaissance de l'ensemble XY par Y (l'amour
intellectuel que Y éprouve pour lui-même et pour X) ont tous
deux pour corrélat l'ensemble formé par ces deux essences en
tant qu'elles communiquent l'une avec l'autre – de telle sorte
que « ayant même objet, ces deux idées forment une seule et
même âme »[1]. Ne sachant répondre à cette question, Matheron
notait qu'« en tous cas » le problème de l'identification à autrui
dans l'amour préoccupait Spinoza très certainement, comme
« la Lettre 17 en témoigne ». Certes Matheron en trouvait le
texte « assez énigmatique » : la participation de l'âme du père à
l'essence du fils ne pouvait consister dans une connaissance
de l'essence du fils par la connaissance du troisième genre,
l'amour paternel étant passionnel, tout au plus rationnel.
Toutefois Spinoza parlait bien d'une identification telle
qu'elle ne pouvait être ramenée à la simple identification
affective qu'entraîne l'amour-sentiment, dont il est question
dans les propositions 19 à 26 du Livre III de l'*Éthique* –

---

1. A. Matheron, *Individu et communauté chez Spinoza*, Paris, Minuit,
1969, p. 599.

l'identification affective laissant en effet subsister une séparation.

Amené à penser que l'identification du père au fils dans la Lettre 17 pouvait être quelque chose d'intermédiaire entre l'identification à autrui dans la connaissance intuitive du troisième genre et l'identification affective, Matheron finissait par avancer une hypothèse très proche de ce que Deleuze et Guattari avanceront en 1972 dans L'*Anti-Œdipe* : nos joies passionnelles ayant pour condition de possibilité éternelle une béatitude inconsciente, « pourquoi notre identification passionnelle à autrui n'aurait-elle pas aussi pour condition de possibilité éternelle une communion intellectuelle encore presque inconsciente entre les parties éternelles de nos esprits ? » [1]. « Dans ce cas », poursuivait Matheron, « la communion intellectuelle explicite qu'instaure le troisième genre de connaissance ne serait que la mise en lumière de l'éternel fondement de tout amour interhumain ». Incontestablement, Matheron ouvrait là une brèche dans l'interprétation du spinozisme, en posant comme une question spinoziste, bien que Spinoza ne l'ait pas « élaborée », la question de savoir « jusqu'à quel point les essences singulières communiquent les unes avec les autres ». Il est indéniable que L'*Anti-Œdipe*, et notamment par sa théorie de l'organisation machinique du désir, fut une tentative pour répondre à cette question.

En 1974, dans un Appendice du second volume de son *Spinoza*, Martial Gueroult, reviendra sur la Lettre 17 pour dire à quel point il trouve « obscure » [2] cette conception de la

---

1. *Ibid.*, p. 600.
2. M. Gueroult, *Spinoza*, t. II, « L'âme (Éthique, 2) », Paris, Aubier-Montaigne, 1974, p. 577.

participation, par l'amour, de l'âme du père à l'essence du fils. Très réservé à l'égard de ce texte écrit selon lui à « une époque où la doctrine de l'*Éthique* n'était pas encore mûre », il lui reprochait essentiellement d'utiliser la thèse, selon lui plus cartésienne que spinoziste, d'une dépendance possible de l'imagination à l'égard de la seule « disposition » de l'Ame. Il est alors tout à fait remarquable qu'Antonio Negri ait jugé bon, à l'inverse, d'introduire le chapitre de l'*Anomalie sauvage* qu'il consacrait précisément à la césure du système par un commentaire de la lettre à Balling[1]. Traduisant contre Gueroult *constitutio* par « constitution » et non par « disposition », il reconnaissait dans la thèse selon laquelle « l'imagination peut n'être déterminée que par la seule constitution de l'âme », une expression annonciatrice de ce qui constituera selon lui, un an après la rédaction de la lettre, l'apport majeur du *Traité théologico-politique* – et du spinozisme – : la reconnaissance de la positivité et de la puissance constitutive de l'activité imaginative.

On sera donc attentif à la manière dont Negri prolonge la proposition incriminée par Gueroult au point d'y voir le point de départ d'une véritable révolution métaphysique. Reconnaître que les effets de l'imagination procèdent autant de la constitution du corps que de l'âme revient pour lui à admettre que l'imagination court donc à travers tout le réel. Usant d'une possible métaphore spinoziste, Negri écrit : « je baigne dans cette mer de l'imagination : c'est la mer de l'existence même ». Une mer qui n'est pas la mer où le sujet cartésien, inquiet d'un point fixe, se trouve plongé par le doute ; une mer qui

---

1. A. Negri, *L'anomalie sauvage. Puissance et pouvoir chez Spinoza*, trad. fr. F. Matheron, Paris, PUF, 1982, p. 155 *sq.*

n'implique « aucune référence à l'autre, au supérieur, au transcendant », mais dont les ondes ont pour seul horizon « le monde des modes ». Là est la ligne de fracture : reconnaître à l'activité imaginale une authentique puissance positive de construction, lui accorder la densité ontologique d'une force de renouvellement de l'être, c'est, pour Negri, rompre avec les interprétations de Spinoza qui « nient par principe l'idée d'une surdétermination de l'être par l'activité du niveau modal » – c'est affirmer le point de vue de la force productive propre à l'ordre modal, rabattre sur lui la puissance de la substance, et n'admettre plus aucuns rapports de production que ceux qui s'engendrent de manière immanente en vertu de l'activité propre à cet ordre.

Rappelons seulement en passant que c'est précisément en tant que penseur de l'activité vitale productrice des hommes [1] que, sous l'influence du Jeune-Fichtéen Moses Hess, Marx ré-introduisit Spinoza dans la philosophie allemande. L'affirmation de la puissance positive de l'imagination créatrice conjuguée à la reconnaissance de la charge et de la perfection ontologiques de l'activité modale est une caractéristique du spinozisme révolutionnaire – et peut-être, en général, de la pensée révolutionnaire – de Fichte à Negri.

C'est également, pour *L'Anti-Œdipe*, le statut de l'ordre modal, la question de sa teneur ontologique propre, qui sont en jeu dans la lettre 17 à Balling. Le chapitre XI de *Spinoza et le problème de l'expression* consacré par Deleuze à l'émergence de l'idée d'une immanence expressive dans la tradition néo-platonicienne résume ainsi la doctrine spinoziste du mode

---

1. *Cf.* F. Fischbach, *La production des hommes. Marx avec Spinoza*, Paris, PUF, 2005.

fini : « si nous considérons les essences de modes finis, nous voyons qu'elles ne forment pas un système hiérarchique où les moins puissantes dépendraient des plus puissantes, mais une collection actuellement infinie, un système d'implications mutuelles où chaque essence convient avec toutes les autres, et où toutes les essences sont comprises dans la production de chacune »[1]. Abordant au chapitre XIX la doctrine de la béatitude, Deleuze précise : « les essences ont plusieurs caractères. D'abord, elles sont particulières, donc irréductibles les unes aux autres : chacune est un être réel, une *res physica*, un degré de puissance ou d'intensité. [...] Pourtant d'autre part, chaque essence convient avec toutes les autres », de sorte qu'« il ne s'agit [pas ici] de convenances relatives, plus ou moins générales [...], mais d'une convenance à la fois singulière et absolue de chaque essence avec toutes les autres »[2]. C'est cette convenance singulière et absolue – cette interaction, non par action directe, mais par compréhension mutuelle des essences –, que présuppose et qu'expérimente Balling à travers son présage hallucinatoire.

Car la donnée hallucinatoire (je vois, j'entends) et la donnée délirante (je pense...) présupposent « une expérience schizophrénique [...] presque insupportable » : l'expérience des quantités intensives, des degrés d'intensité à l'état pur[3]. Délires et hallucinations sont en effet des phénomènes secondaires par rapport à une « émotion primaire qui n'éprouve d'abord que des intensités, des devenirs, des passages » et qui

---

1. G. Deleuze, *Spinoza et le problème de l'expression*, Paris, Minuit, 1968, p. 167.
2. *Ibid.*, p. 282.
3. A-Œdipe, p. 25.

fournit aux hallucinations leur objet et au délire son contenu. Cette émotion primaire, qui défait toute hiérarchie, toute structure ou tout axe génétique, à travers des étirements, des migrations, des passages et des mélanges – à l'instar de l'écriture transcursive prônée par Deleuze et Guattari qui veut être l'écriture philosophique de cette émotion –, est un « Je sens » : un « je sens que je deviens femme » (Schreber), un « je sens que je deviens Dieu » (Nijinski), que « j'étais Jeanne d'Arc et [que] je suis Héliogabale [(Artaud)], et le Grand Mongol, un Chinois, un peau-rouge [(Nijinski)], un Templier, j'ai été mon père et j'ai été mon fils. Et tous les criminels, toute la liste des criminels, les criminels honnêtes et les malhonnêtes » – « tous les noms de l'histoire » (Nietzsche) identifiés à une série d'états intensifs. Telle est la « promenade du schizophrène », le voyage initiatique, « l'expérience transcendantale », que fait un sujet nomade sans Ego qui, cédant à l'émotion primaire, a quitté toute extension. Car, précisent Deleuze et Guattari, « si tout se mélange ainsi, c'est en intensité », et « il n'y a pas [dans la promenade du schizo] de confusion des espaces et des formes puisque ceux-ci sont précisément défaits, au profit d'un nouvel ordre, l'ordre intense, intensif »[1].

C'est bien là ce que dit la lettre de Spinoza à Balling : l'hallucination du père n'est possible que parce que le père est le fils, non pas certes dans l'ordre extensif où cette confusion ne saurait avoir lieu, mais dans *l'ordre intensif* – l'ordre modal, celui des essences de modes finis – où il y a de tels mélanges, de telles participations réciproques, de tels devenirs, et qui, à vrai dire, consiste lui-même dans de tels mélanges et de tels glissements. L'hallucination s'explique bien par l'amour du

---

1. A-Œdipe, p. 101.

père pour le fils, si l'on entend par « amour » cette émotion primaire qui ouvre sur une authentique expérience transcendantale – sur l'expérience de la convenance singulière et absolue des êtres particuliers au point de vue de leur *production* comme tels. Car, ce que le schizophrène vit spécifiquement à travers sa migration intense, c'est, pour Deleuze et Guattari, la nature comme processus de production. Le point de vue de la communication des inconscients adopté par Spinoza dans la lettre à Balling est donc aussi le point de vue de la production – c'est-à-dire le point de vue même du spinozisme.

Le plus important n'est pas ici l'hallucination ou le délire, mais ce qu'ils présupposent et qui n'est pas délirant ou hallucinatoire : l'ordre de la production des essences de modes finis en Dieu (Spinoza), l'ordre de l'activité vitale productrice (Marx), de la dépense pure (Bataille) – l'ordre d'une production en laquelle le producteur et le produit, le produit et le produire, forment une seule et même réalité. La caractéristique principale de cet ordre est qu'il échappe totalement au *manque*, ignore la « peur abjecte de manquer ». Seul manque à cet ordre le sujet fixe, seul cet ordre manque de sujet. Le spinozisme de *L'Anti-Œdipe* – c'est-à-dire son fichtéanisme –, nous l'avons dit, est celui de Moses Hess, pour qui « c'est justement la *soif d'être*, la soif de subsister comme individualité déterminée, comme moi limité, comme essence finie, qui mène à la *soif d'avoir* »[1] contraire à la proposition libératrice

---

1. M. Hess, *Philosophie de l'action*, trad. fr. G. Bensussan, dans Gérard Bensussan, *Moses Hess. La philosophie, le socialisme (1836-1845)*, Hildesheim, Olms, 2004, p. 196. *Cf.* Marx, *Manuscrits économico-philosophique de 1844*, intro., trad. fr. et notes F. Fischbach, Paris, Vrin, 2007, p. 149. Marx y renvoie à M. Hess sur la catégorie de l'*avoir*.

de l'*Éthique*: «agir par désir»[1]. C'est précisément dans la
mesure où aucun manque n'est ménagé ou déposé dans l'ordre
objectif de la production, dans la mesure où aucune subjectivité séparée, aucune intériorité ne vient à s'excepter de
l'ordre modal, que toutes les essences finies conviennent entre
elles comme divers degrés d'intensité et communiquent les
unes avec les autres. On comprend alors combien le point de
vue de la production, ainsi articulé à celui de la communication
des essences finies, est nécéssairement *communiste* et ce que
signifie ce communisme. Qu'il n'est nullement le communisme *abstrait*[2] fondé sur le commun comme *objet complet*
(chose en soi), mais le communisme *réel*[3] résidant dans la
communication des *objets partiels* – expérimentée par le
schizophrène.

À l'ordre répressif, instituteur de la propriété privée, en
lequel un sujet déterminé comme moi fixe «vit nécessairement comme un manque sa subordination à l'objet complet
tyrannique»[4], s'oppose donc l'ordre anarchique sans sujet
de l'inorganisation réelle des parties modales, des éléments
moléculaires ou objets *partiels* – Dieu, femme, père, fils, Grand
Mongol, peau-rouge, Jeanne d'Arc, etc. –, qui ne sont pas
partiels au sens où le seraient les parties extensives ou extrin-
sèques d'une totalité, mais doivent plutôt être dits *partiaux*,

1. M. Hess, *Philosophie de l'action*, *op. cit.*, p. 188.

2. *Cf.* M. Hess, *Philosophie de l'action*, *op. cit.*, p. 196.

3. *Cf.* Marx, *L'idéologie Allemande*, trad. fr. H. Auger, G. Badia,
J. Baudrillard, R. Cartelle, Paris, Éditions sociales, 1968, p. 74. Marx y définit le
communisme réel comme renversement de toute réalité substantielle au profit
d'une réalité purement relationnelle et transindividuelle (*cf.* le commentaire de
F. Fischbach, dans *L'être et l'acte*, *op. cit.*, p. 158 *sq.*)

4. A-Œdipe, p. 71.

étant les modes ou parties intrinsèques d'un infini intensif (pour parler le langage de *Spinoza et le problème de l'expression*[1], dont les analyses sont sous-jacentes à l'usage que *L'Anti-Œdipe* fait du concept d'objet partiel emprunté par ailleurs à Mélanie Klein).

Or, les pures multiplicités positives que forment ces parties ou quantités intensives ne peuvent être expérimentées, c'est-à-dire *vécues*, comme telles – par le schizophrène ou dans la communication des inconscients – qu'à condition que soit préservé en sa totalité et sa spécificité un processus inconscient intégrant trois types de synthèses passives – c'est-à-dire naturelles et immanentes à l'ordre même de la production – que Deleuze et Guattari exposent dès les premières pages de *L'Anti-Œdipe* : les synthèses connectives de production, disjonctives d'enregistrement, conjonctives de consommation.

C'est ce processus qu'il nous faut maintenant décrire. Car c'est en lui et par lui que surgit à présent le corps sans organes, dont le concept finit par se confondre avec l'expérience (subjective) même de la communication des inconscients.

LE CORPS SANS ORGANES ET LA SUBSTANCE DE SPINOZA

Tout d'abord les synthèses *connectives* (« et... et puis ») par lesquelles des flux continus d'énergie sont greffés sur des objets fragmentés et fragmentaires, qui viennent donc couper

---

1. *Cf.* G. Deleuze, *Spinoza et le problème de l'expression*, Paris, Minuit, 1968, p. 174 *sq.*

ou prélever ce flux continu non personnel (sur le modèle sein-bouche), mais qui sont aussi eux-mêmes producteurs d'autres flux, que coupent à nouveau d'autres objets fragmentaires. De telle sorte que le couplage continu des flux et des coupures, par lesquels les objets *partiels* sont ainsi produits, fait que ceux-ci entrent originairement en communication *transversale* les uns avec les autres. Décrivant ce qui se passe dans la *Recherche du temps perdu*, Deleuze et Guattari insistent sur cet aspect : « tout se brouille à nouveau, se défait, mais cette fois dans une multiplicité pure et *moléculaire*, où les objets partiels […] ont tous également leurs déterminations positives, et entrent en communication aberrante suivant une transversale qui parcourt toute l'œuvre, immense flux que chaque objet partiel produit et recoupe, reproduit et coupe à la fois. Plus que le vice, dit Proust, inquiètent la folie et son innocence. Si la schizo-phrénie, c'est l'universel, le grand artiste est bien celui qui franchit le mur schizophrénique et atteint la patrie inconnue, là où il n'est plus d'aucun temps, d'aucun milieu, d'aucune école » [1]. Le *transversal* est la vraie forme du communisme de la production, et non l'*inter-personnel* qui, en comprenant la communication comme rapport entre des *personnes*, repose précisément sur un usage transcendant (au sens kantien du terme) de la synthèse connective : celui qui assigne au désir un sujet fixe et « des objets complets déterminés comme personnes globales » [2]. Communication des inconscients plutôt que communication des personnes – *trans*- plutôt qu'*entre*.

Les synthèses connectives transversales ne suffisent toutefois pas à garantir la communication des inconscients. À

1. A-Œdipe, p. 81.
2. A-Œdipe, p. 83.

vrai dire, laissées à elles-mêmes, elles la compromettraient même plutôt. Il y a en effet une frénésie connective qui tend à désorganiser toujours plus les objets partiels, à fragmenter de telle sorte que, pour utiliser une métaphore bergsonienne, chaque fragment aura toujours déjà explosé en une multitude de fragments au point de finir par laisser presque immédiatement passer le flux qu'il ne coupe presque plus – une tendance à réduire toujours plus la part de la coupure ou du prélèvement au profit de celle du flux d'énergie pour finir par affirmer un « pur fluide à l'état libre et sans coupure, en train de glisser sur un corps plein »[1], sur « un énorme objet indifférencié ». Cet énorme objet que la synthèse connective produit comme son troisième terme dès lors que le flux continu l'emporte sur l'organisation machinique du désir (le couplage flux/coupure), cette masse inorganisée où sombrent à présent les différences, c'est « le corps plein sans organes [...] l'improductif, le stérile, l'inengendré, l'inconsommable », qui, pour Deleuze et Guattari, a nom « instinct de mort » – du moins dans une traduction schopenhauerienne du *Todestrieb* freudien qui évite ainsi sciemment de parler de « *pulsion* de mort ».

Car, cet instinct – qui reconduit, ici comme chez Freud, l'organisation à la stabilité inorganique – ne relève pas du *pulsionnel*, qui réside uniquement dans la production désirante des synthèses connectives. À proprement parler, l'instinct de mort ne stimule pas, n'est pas une *poussée* (laquelle ne va pas sans le mouvement de ce qui meut), mais marque un *arrêt*, une interruption du mouvement vital. Deleuze et Guattari insistent sur cet aspect : le corps sans organes, ou l'instinct de mort, est

---

1. A-Œdipe, p. 14.

un « moteur immobile » – c'est-à-dire *arrêté*, qui ne se meut pas ou plus – en lequel la production est arrêtée, les machines désirantes « détraquées ». Un moteur *improductif*. C'est pourquoi, dans le *Pése-Nerfs*, Antonin Artaud « l'a découvert là où il était, sans forme et sans figure » comme « une station incompréhensible et toute droite » au milieu du processus inconscient. Une *station* qui n'est possible que par la liquidation des orifices et des béances par où s'opèrent les synthèses connectives : pas de bouche, pas d'anus, et donc pas de ce « rayon du ciel dans le cul » du président Schreber sur quoi s'ouvre *L'Anti-Œdipe* afin d'introduire sa théorie des machines désirantes.

Cette station, nous l'avons vu en lisant Derrida, c'est Artaud qui la découvre, mais c'est, dans *L'Anti-Œdipe*, Spinoza qui permet de la penser jusqu'au bout. Il est remarquable que, dans une note du chapitre IV, Deleuze et Guattari tentent un rapprochement entre le corps sans organes et la *substance* spinoziste. Ils renvoient à Serge Leclaire, qui comprend la réalité du désir comme « multiplicité de singularités pré-personnelles, ou d'éléments quelconques [définis] précisément par l'absence de lien »[1] et de sens. Une absence de lien et de sens que Leclaire interprète comme positive, c'est-à-dire comme constituant la force spécifique de cohérence de cette multiplicité. Or, remarquent Deleuze et Guatari, pour comprendre l'absence de lien – d'interaction directe – comme garantie d'une communauté d'appartenance – de cette convenance présupposée par la communication des inconscients –, Leclaire utilise le critère exact de la distinction réelle chez Spinoza : « les éléments ultimes (attributs infinis) sont attri-

1. A-Œdipe, p. 369.

buables à Dieu, parce qu'ils ne dépendent pas les uns des autres et ne supportent entre eux aucun rapport d'opposition ni de contradiction. C'est l'absence de tout lien direct qui garantit la communauté de leur appartenance à la substance divine ». « De même », ajoutent Deleuze et Guattari, « les objets partiels et le corps sans organes : le corps sans organes est la substance même, et les objets partiels, ses attributs ou éléments ultimes ». La formule est reprise un peu plus loin, dans le même chapitre : « Le corps sans organes est la matière qui remplit toujours l'espace à tel ou tel degré d'intensité, et les objets partiels sont ces degrés, ces parties intensives qui produisent le réel dans l'espace à partir de la matière comme intensité = 0. Le corps sans organes est la substance immanente, au sens le plus spinoziste du mot ; et les objets partiels sont comme ses atributs ultimes, qui lui appartiennent précisément en tant qu'ils sont réellement distincts et ne peuvent à ce titre s'exclure ou s'opposer ».

On relévera bien sûr, dans ce dernier passage, la double identification des objets partiels d'une part aux parties intensives, que sont pour *Spinoza et le problème de l'expression* les essences de modes finis, d'autre part aux attributs infinis. Il n'y a là toutefois aucune contradiction. Ce que veut dire Deleuze c'est que les objets partiels sont les attributs pour autant que « l'attribut contient, c'est-à-dire complique toutes les essences de modes, [pour autant qu'il] les contient comme la série infinie des degrés qui correspondent à sa quantité intensive »[1]. L'attribut étant la forme d'être ultime commune à la substance et au mode, c'est parce que l'essence des modes est un degré de l'attribut qu'il « est une partie de la puissance de Dieu, c'est-

---

1. G. Deleuze, *Spinoza et le problème de l'expression*, *op. cit.*, p. 180.

à-dire un degré de puissance ou partie intensive »[1]. Le corps sans organes est ainsi la substance, *au sens le plus spinoziste du mot*, pour autant que celle-ci s'exprime dans les attributs infinis qui contiennent toutes les essences de modes comme des degrés de sa puissance. En d'autres termes : pour autant, donc, que les objets partiels produits par les synthèses connectives sont des degrés d'intensité du corps sans organes. Ajoutons que c'est précisément dans la mesure où les essences de mode sont ainsi contenues dans l'attribut comme ses parties intrinséquement distinctes qu'elles « se définissent par leur convenance totale ».

On retiendra que la communication des inconscients n'est donc possible qu'à condition d'un certain rapport du corps sans organes aux objets partiels en lequel il est la substance, au sens le plus spinoziste du mot. Mais, précisément, le corps sans organes tel que le découvre d'abord Artaud dans sa station figée et incompréhensible comme support indifférencié des synthèses connectives est-il la substance au sens le plus spinoziste du mot ?

On relévera plutôt que cet énorme objet indifférencié et plein, cette masse stérile et sans béances du corps sans organes artaldien, n'est pas sans évoquer l'« abîme sombre, informe, qui engloutit en lui tout contenu déterminé, et ne produit rien qui ait en soi-même une consistance positive »[2] auquel, dans l'*Encyclopédie*, Hegel semble avoir été tenté de réduire la substance spinoziste. On se reportera à la note qu'à la fin de la Doctrine de la mesure Hegel consacre à l'indifférence, dans la

---

1. *Ibid.*, p. 181-182.

2. Hegel, *Encyclopédie des sciences philosophiques*, I, *La science de la logique*, Add. § 151, trad. fr. B. Bourgeois, Paris, Vrin, 1986, p. 586.

Science de la Logique de 1812. On pourra y voir bien sûr une critique de l'*Exposition de mon système de la philosophie* de Schelling[1] – une critique d'ailleurs très proche de celle que Fichte adresse à la philosophie schellingienne de l'identité depuis 1801 et d'une manière systématique dans la *Doctrine de la science* de 1804. Mais, il y est aussi question de Spinoza dans une phrase d'une remarquable précision que la traduction de Pierre-Jean Labarrière et Gwendoline Jarczyk[2] ne fait pas du tout ressortir et que la traduction, bien plus fidèle, d'André Doz rend cependant encore insuffisamment manifeste. Nous retraduisons donc : «Pour autant que l'*indifférence absolue* peut sembler être la détermination fondamentale de la *substance spinoziste*, alors on peut encore remarquer à ce propos qu'elle l'est du point de vue où dans les deux toutes les déterminations de l'être, comme d'une manière générale toute différenciation concrète ultérieure du penser et de l'étendue, etc., est posée comme anéantie »[3]. L'indifférence absolue – le troisième moment de l'unité du quantitatif et du qualitatif dans la mesure, la mesure comme *absolu* – n'*est* donc pas la détermination fondamentale de la substance spinoziste, mais peut *sembler* l'être, et ne l'est que d'un certain *point de vue*. À savoir du point de vue où elle se présente comme le support, la

1. Cf. le commentaire qu'en donne A. Doz, en appendice à sa traduction de Hegel, *La théorie de la mesure*, Paris, PUF, 1970, p. 173 *sq. Cf.* par ailleurs, Schelling, *Exposition de mon système de la philosophie*, trad. fr. E. Cattin, Paris, Vrin, 2000 (et notamment la traduction des notes critiques de Fichte en appendice de la traduction de Schelling).

2. Hegel, *Science de la logique, L'être*, trad. fr. P.-J. Labarrière et G. Jarczyk, Paris, Aubier-Montaigne, 1972, p. 358.

3. Hegel, *Wissenschaft der Logik*, I, Hamburg, Meiner Verlag, 1974, p. 396.

« base » indifférenciée des équilibres et déséquilibres métriques qui se produisent en alternance le long d'une ligne nodale infinie, de telle sorte que les nœuds qualitatifs, les différentielles de cette ligne continue apparaissent en fin de compte comme des modifications superficielles et inessentielles vouées à s'évanouir sur la surface même où elles se produisent. En cette mesure, c'est-à-dire « par la détermination de la substance en tant qu'indifférence », poursuit Hegel, « la réflexion sur la *différence* vient en supplément ; la différence est à présent *posée* [...] en tant que *extérieure*, et par là plus précisément en tant que *quantitative* ». Le passage de l'infini au fini ne se fait pas : d'une part, l'identité ontologique absolue de la substance ne s'exprime pas dans les attributs, les formes ou qualités infinies dont les essences de modes sont les parties intrinsèques, d'autre part, les quantités intensives, et les modes réduit à l'apparence demeurent, comme des quantités abstraites, extérieures à la substance. Bref : la substance n'est pas la substance au sens le plus spinoziste du mot.

Insistons : que la substance ainsi définie ne soit pas la substance de Spinoza, Hegel le sait parfaitement. Ayant à se défendre contre l'accusation d'avoir comme Spinoza produit une philosophie de l'identité, il indiquera dans la Préface de l'édition de 1827 de l'*Encyclopédie* à quelle condition la substance de Spinoza peut faussement apparaître comme allergique à la différence : « si l'on a seulement la substance devant les yeux »[1]. Cette obnubilation par la substance seule, et l'acosmisme qui s'en suit, caractérisent bien la découverte du corps plein sans organes au milieu du procès productif.

---

1. *Ibid.*, p. 128.

LA STATION PARANO-SCHIZOÏDE
DU CORPS SANS ORGANES

L'extériorité de la différence à l'immanence à soi de la substance, définit très exactement le rapport des quantités intensives au corps sans organes dans sa station au milieu du processus total de l'inconscient. Ce rapport peut même être dit conflictuel, répulsif – une machine *paranoïaque* se met alors en place : « chaque connexion de machines [...] est devenue insupportable au corps sans organes. Sous les organes [celui-ci] sent [...] l'action d'un Dieu qui le salope ou l'étrangle en l'organisant [(Artaud)]. [...] Aux machines-organes, le corps sans organes oppose sa surface glissante, opaque et tendue. Aux flux liés, connectés et recoupés, il oppose son fluide amorphe indifférencié. Aux mots phoné-tiques, il oppose des souffles et des cris qui sont autant de blocs inarticulés [(le théâtre de la cruauté)] »[1]. Cette paranoïa de la substance, de l'unité indifférenciée, à l'égard de la diversité modale, « cette *répulsion* des machines désirantes par le corps sans organes » – par l'instinct de mort plus *ré*-pulsif que pulsionnel –, voilà ce qui empêche le corps sans organes d'être la substance, au sens le plus spinoziste du mot – et la promenade du schizophréne d'avoir lieu.

Pour devenir la substance de Spinoza, il faut que le corps sans organes commence par renoncer à sa station paranoïaque et qu'au lieu de repousser l'ensemble de la production désir-ante (les synthèses connectives), il « se rabat[te] » sur celle-ci, « l'attire, se l'approprie » – que la *répulsion* se renverse en *attraction*. Il faut que le corps sans organes ne soit plus une

---

1. A-Œdipe, p. 15.

base indifférente mais devienne une surface enchantée d'*enre-gistrement* ou d'*inscription* des différences; il faut que les objets partiels s'accrochent à lui «comme des médailles sur le maillot d'un lutteur qui s'avance en les faisant tressauter» – c'est-à-dire à la fois de telle sorte qu'ils soient conservés, épinglés à même la station de la substance et que celle-ci leur communique un mouvement apparent tel qu'ils puissent sembler en émaner. Ainsi attirés par le corps sans organes les objets partiels entrent alors sous une autre loi que celle de la synthèse connective, une loi qui exprime à présent une *distribution* par rapport à l'élément improductif: les objets partiels se transforment en autant de «points de disjonction entre lesquels se tisse tout un réseau de synthèses nouvelles, et qui quadrillent la surface» du corps plein. Aux synthèses connectives schizophréniques de production, et à la station paranoïaque de l'Anti-production, succèdent les *synthèses disjonctives schizophréniques d'enregistrement* (le «soit… soit») qui, comme telles (c'est-à-dire dans leur usage légitime immanent), sont *incluses* – c'est-à-dire ne marquent pas de choix décisifs entre des termes impermutables mais «un système de permutations possibles entre des différences qui reviennent toujours au même en se déplaçant sur la surface d'enregistrement du corps sans organes».

Ces permutations possibles des objets partiels, comme leur communication transversale – que fondaient les synthèses connectives –, sont des éléments essentiels de la communication des inconscients que présuppose l'hallucination véridique de Balling. On peut ainsi comprendre en quelle mesure Deleuze et Guattari peuvent soutenir que la communicaton des inconscients constitue en fait la norme: le procès même de l'inconscient passe néccéssairement par une telle transversalité et une telle permutabilité – comme il passe d'ailleurs nécessairement par la station paranoïaque du corps plein. Le schizophrénique (les connexions transversales et les disjonctions incluses) et le paranoïaque (la station improductive répulsive) ne sont pas des positions alternatives du psychisme ou des thèses philosophiques possibles (l'acosmisme de la station répulsive de la substance; l'*Omnitudo realitatis* de la station attractive de la substance...). Intimement liés l'un à l'autre, en réalité proprement indissociables, le schizophrénique et le paranoïque relèvent d'un même processus qui intégre l'affairement connectif du désir et la production d'enregistrement en réseaux – qui ne va pas sans la station répulsive de l'Improductif qu'elle inverse. L'un des apports considérables de *L'Anti-Œdipe* est d'avoir montré cette solidarité du schizophrénique et du paranoïaque dans l'unité du processus même de production inconsciente du réel – c'est-à-dire, d'avoir donné à leur articulation une valeur proprement *transcendantale*.

Expérimenter, c'est-à-dire *vivre* le transcendantal – qui ne peut qu'être expérimenté ou vécu – tel qu'il l'est effectivement dans l'expérience schizophrénique de la communication des inconscients, revient donc à faire l'expérience de cette collaboration du schizophrénique et du paranoïaque dans le procès même de la production du réel. Mais pour cela, il faut encore aller au-delà des synthèses disjonctives, au-delà de la simple position du corps sans organes comme surface d'enregistrement : en tant qu'il est une telle surface le corps sans organes n'est en effet toujours pas la substance, au sens le plus spinoziste du mot. Nous l'avons vu, il ne l'est que dans la mesure où il est lui-même «la matière qui remplit toujours l'espace à tel ou tel degré d'intensité», et dans la mesure où les objets partiels « sont ces parties intensives qui produisent le réel dans l'espace à partir de la matière comme intensité = 0 »[1]. C'est dans cette émotion primaire du « je sens que je deviens femme », que « je deviens dieu », par laquellle s'éprouvent les passages, les devenirs à travers la série illimités des états intensifs, que consiste proprement l'expérience schizophré-nique en sa dimension d'expérience transcendantale. Or, ni les objets partiels produits par les couplages flux/coupure des synthéses connectives (les machines-organes), ni les objets partiels distribués en réseaux par les synthèses disjonctives (les objets partiels comme points de disjonction), ne sont des parties intensives, des degrés d'intensité expérimentables comme tels. La question est alors : « d'où viennent ces inten-sités pures ? ». La réponse : « elles viennent des deux forces précédentes [du corps sans organes], répulsion et attraction, et de l'opposition de ces deux forces. [...] [Les intensités formant] des chutes ou des hausses relatives [d'intensité] d'après leur rapport complexe et la proportion d'attraction et de répulsion qui entre dans leur cause. Bref, l'opposition des forces d'attraction et de répulsion produit une série ouverte d'éléments intensifs, tous positifs, qui n'expriment jamais l'équilibre final d'un système, mais un nombre illimité d'états stationnaires métastables par lesquels un sujet passe »[2]. La station paranoïaque répulsive du corps sans organes doit être maintenue en même temps que et au cœur même de sa station attractive d'enregistrement schizoïde, dans *une seule et même station attractive-répulsive*, afin que par le jeu mutuel de la répulsion et de l'attraction s'engendrent les degrés d'intensité,

---

1. A-Œdipe, p. 390.
2. A-Œdipe, p. 25-26.

et que le corps sans organes soit effectivement la substance, au sens le plus spinoziste du mot.

La substance de Spinoza n'est ainsi ni l'indifférence absolue de la doctrine hégélienne de la mesure, ni la surface enchantée d'enregistrement de l'*Omnitudo realitatis* : elle est *les deux*. Elle n'a pas les différences comme ses *accidents* – qui lui répugnent – ou comme ses *quasi-effets* – qu'elle engendre comme ses propres divisions en attirant à elle les objets partiels – : elle les a comme ses *quantités intensives*, qui naissent de ce que *simultanément* elle repousse de soi et attire à soi les différences. C'est que le conflit entre les objets partiels et le corps sans organes n'est qu'« apparent »[1] : « le corps sans organes n'est nullement le contraire des organes-objets partiels »[2] comme le laissait supposer sa station paranoïaque. Il peut être à leur égard aussi bien répulsif qu'attractif, mais « dans la répulsion non moins que dans l'attraction, il ne s'oppose pas à eux, il assure seulement sa propre opposition, et leur opposition, avec un organisme ». Car, c'est au corps comme organisme que s'oppose la totalité du processus inconscient de production du réel, et donc que s'opposent le corps sans organes et les objets partiels : en repoussant les objets partiels hors de soi, en s'opposant une multiplicité vivante qu'il n'est pas, en s'appropriant cette multiplicité, et surtout *en faisant les deux à la fois*, le corps sans organes en réalité maintient les objets partiels dans l'ordre intensif, les préserve de l'organisme comme il s'en préserve lui-même. Dans les deux cas, il fait que la multiplicité reste intotalisable : d'abord en l'excluant de sa plénitude propre, ensuite en

1. A-Œdipe, p. 15.
2. A-Œdipe, p. 389.

l'accrochant à celle-ci comme une multiplicité infinie de disjonctions qui continuent de répugner à toute organisation.

Le spinozisme est ici – comme il l'est aux sources du marxisme, chez Moses Hess qui voyait dans Hegel le « philosophe de la Restauration » – un anti-hégélianisme. « Nous ne croyons plus », écrivent Deleuze et Guattari, « à une totalité originelle ni à une totalité de destination. Nous ne croyons plus à la grisaille d'une fade dialectique évolutive, qui prétend pacifier les morceaux parce qu'elle en arrondit les bords » [1]. Le spinozisme, c'est, au contraire de cette totalisation réconciliatrice, la totalité *à côté* des parties qu'elle ne totalise pas, la totalité dans un double rapport de répulsion et d'attraction à l'égard de ses parties comme autant d'états intensifs métastables – c'est la tension permanente de la totalité et des parties par quoi s'engendre l'ordre intensif (celui de la communication des inconscients), c'est-à-dire l'ordre où des particularités jamais spécifiques conviennent pourtant toujours entre elles, en raison même de leur distinction réelle.

Par là s'explique précisément l'anti-hégélianisme de Deleuze. Dans *Pour Marx*[2], en 1965, Althusser reprochait à la dialectique hégélienne d'être asservie à un principe interne de mouvement entraînant magiquement la totalité du divers vers l'identité propre à l'Idée spéculative entendue comme fin idéologique. Contre Hegel, il appelait à une mutation structurelle de la dialectique pensée comme processus de contradiction multiple et différentiel. En 1968, dans *Différence et*

1. A-Œdipe, p. 50.

2. L. Althusser, « Contradiction et surdétermination », dans *Pour Marx*, Paris, La Découverte, 1996, p. 102 *sq.*

répétition, Deleuze citait *Pour Marx*[1] et rectifiait en ce sens la critique althusserienne de Hegel : ce n'est pas la contradiction qui se laisse dévoyer par l'Idée spéculative, mais, à l'inverse, le spéculatif même qui, dans son effort pour rabattre sur un seul plan la réalité différentielle, mène celle-ci à la contradiction et au négatif qui en est « l'image aplatie et renversée ». À cette platitude, Deleuze oppose « la profondeur originelle, intensive », spinoziste, qui est la première affirmation de la différence – la profondeur intensive en laquelle « bouillonnent », « fourmillent », les différences libres, « sauvages ou non domptées ». Cette profondeur de l'ordre intensif définit précisément un « milieu fin de perspectives chevauchantes, de distances, de divergences et de disparités communicantes ». Elle est, nous l'avons vu, le milieu même de la communication des inconscients.

Or, la caractéristique de ces différences libres est leur entêtement à rester accrochées dans la profondeur de leur espace propre, leur obstination à résister au *faux*-mouvement du négatif qui ne parvient en réalité à n'entraîner avec lui sur la pente de l'identité que leur fantôme ou leur épiphénomène – au point que la Phénoménologie hégélienne ne mérite guère d'autre titre que celui d' « épiphénoménologie ». Ce que Deleuze reproche à Hegel, c'est d'avoir négligé ou ignoré cette résistance de l'ordre intensif, d'avoir pensé en terme de contradiction à apaiser là où il fallait au contraire reconnaître dans la tension réciproque de la différence et de l'identité une puissance d'affirmation et de production – la série infinie des variations quantitatives intensives naissant précisément de cette tension active, irréconciliable sans un affaiblissement

1. G. Deleuze, *Différence et répétition*, *op. cit.*, p. 73.

des forces en rapport dans la production du réel. De sorte que Deleuze peut comprendre son opposition à Hegel d'abord comme l'opposition d'une pensée énergique, avivant la tension du partiel et du total pour en faire sourdre un foisonnement vivant d'états intenses, à une pensée « débile »[1], sans vigueur, qui cherche à atténuer, à réduire cette tension dans l'unité systématique, organique, du partiel et du total.

La communication des inconscients n'est ainsi possible qu'à condition que le corps sans organes soit la substance de Spinoza, c'est-à-dire se tienne dans cette station singulière, athlétique, parano-schizoïde, à la fois répulsive et attractive à l'égard des objets partiels. Or, cette station est précisément et encore celle que nous avons rencontrée au premier chapitre et que Deleuze a si remarquablement décrite, dans son *Francis Bacon*, comme « *station hystérique* »[2].

Reprenant les pages de *L'Anti-Œdipe* que nous avons citées, le chapitre de la *Logique de la sensation* consacré à l'hystérie rappelle en effet que le corps sans organes s'oppose moins aux organes (aux objets partiels) qu'à leur organisation et qu'il est un corps « intensif » – c'est-à-dire est parcouru d'une onde (une énergie divine) qui trace en lui des niveaux ou des seuils d'intensité selon la variation de son amplitude. Or, la « réalité vivante » de ce corps peut précisément être nommée « hystérie ». À tel ou tel niveau de l'onde qui parcourt le corps sans organes se détermine en effet un organe qui change lui-même selon les changements de niveau de cette onde, de

---

1. *Cf.* la retranscription du cours du 14 janvier 1974 disponible sur http://www.webdeleuze.com/php/index.html : « Hegel, ce débile ».
2. G. Deleuze, *Francis Bacon. Logique de la sensation*, I (dorénavant cité LS), Paris, Éditions de la Différence, 1981, p. 36.

sorte que des organes naissent partout, comme des degrés différents d'une même émotion vitale. Le corps sans organes se définissant alors par le caractère « temporaire et provisoire » des organes qui, surgissant hors de toute organisation le long de cette onde énergétique, perdent ainsi toute constance, qu'il s'agisse de leur emplacement ou de leur fonction. « Cette série complète [des organes transitoires] », écrit Deleuze, « c'est la réalité hystérique du corps ». Et il renvoie au « tableau » de l'hystérie tel qu'il s'est formé au XIXᵉ siècle dans la psychiatrie : « les contractures et paralysies, les hyperesthésies ou les anesthésies, associées ou alternantes, tantôt fixes et tantôt migrantes, suivant le passage de l'onde nerveuse », « ensuite les phénomènes de précipitation et de devancement, et au contraire de retard (hystérèsis), *d'après-coup*, suivant les oscillations de l'onde ».

Mais l'hystérie, c'est aussi et peut-être surtout *une présence*. Non seulement une présence qui s'impose, mais aussi une présence hystérisante pour laquelle les choses et les êtres sont présents, « trop présents », et qui « donne à toute chose et communique à tout être cet excès de présence ». Car le corps sans organes en sa station hystérique n'est pas seulement cette profusion anarchique d'organes, d'objets partiels transitoires, naissant comme autant de degrés d'intensité d'une même énergie divine, il est encore, comme station une certaine *stance* : l'« insistance d'un corps qui subsiste à l'organisme », l'« insistance des organes transitoires qui subsistent aux organes qualifiés ». Cette insistance de la présence est, en termes bergsoniens – qui viennent fréquemment chez Deleuze à l'appui des analyses spinozistes –, coexistence de la totalité du passé, du passé comme totalité, avec le présent, identité d'un déjà-là et d'un toujours en retard, d'une contraction et d'une dilatation.

Cette présence excessive du corps sans organes et des objets partiels, de la substance et des essences de modes, pour être sans sujet, n'est toutefois pas sans produire quelque chose « qui est de l'ordre d'un sujet »[1]. Ce sujet – le sujet même de l'expérience transcendantale schizophrénique de la communication des inconscients – c'est le sujet « résiduel » et « euphorique »[2] de la troisième synthèse passive par laquelle est accompli, dans *L'Anti-Œdipe*, la totalité du processus inconscient de production : la *synthèse conjonctive* du « c'est donc moi, c'est donc à moi, c'était donc çà… », qui, parce qu'elle ne découvre le sujet que comme un reste, identique à la restance hystérique des objets partiels, est *polyvoque*. « Un étrange sujet », écrivent Deleuze et Guattari, « sans identité fixe, errant sur le corps sans organes, […] recueillant partout la prime d'un devenir ou d'un avatar, naissant des états qu'il consomme et renaissant à chaque état »[3], le sujet-nietzschéen qui identifie tous les noms de l'histoire à tous les états par lesquels il passe.

En posant ainsi la question de la communication des inconscients, Spinoza invitait donc à penser une forme de « subjectivité » – une manière d'être sujet – qui, bien que marginale, définit sans doute la vraie forme émergente de la subjectivité moderne – c'est-à-dire ici *capitaliste*, pour autant que le corps sans organes est « à la limite du capitalisme »[4] – : celle d'un sujet très nerveux, consommateur, consummateur d'énergie, susceptible de vivre tous les états d'intensité, jamais

1. A-Œdipe, p. 23.
2. A-Œdipe, p. 28.
3. A-Œdipe, p. 23.
4. A-Œdipe, p. 163.

neutre, excessivement présent à tous et auquel tous sont excessivement présent. Le sujet de la station hystérique, parano-schizoïde, dont la psychiatrie a, en naissant, commencé de tracer le portrait, avant qu'il ne devienne le sujet même de la littérature (Proust, Artaud, Beckett) et de la peinture (la Figure de Bacon). Ce sujet est encore le sujet sacrificiel – le sujet du meurtre sacré. Il faut prendre au sérieux les déclarations de Nijinski, auquel Deleuze et Guattari ne cessent de faire allusion dans *L'Anti-Œdipe* : « Je suis le Christ »[1] et, plus précisément, « Je suis ce que le Christ ressentait »[2]. Elles s'interprètent en effet au regard du second chapitre de la *Logique de la sensation* comme l'expression très exacte de la station hystérique du sujet polyvoque : commentant *L'enterrement du comte d'Orgaz* du Greco, Deleuze relève comment la Figure divine du corps du Christ, libérée de la figuration, « est vraiment travaillée d'une inspiration diabolique qui la fait passer par tous les «domaines sensibles», par tous les «niveaux de sensation différents» »[3]. Ce que le Christ ressentait, et ce que signifie le devenir Christ du sujet psychotique, c'est ce devenir intensif par lequel il devient lui-même, pour lui-même, la totalité des degrés intensifs ou modes finis d'un infini lui-même intensif.

1. *Ibid.*, p. 86.
2. Nijinski, *Cahiers*, Arles, Actes Sud, 2000, p. 61.
3. LS, p. 14.

CHAPITRE IV

NIETZSCHE À SILS MARIA

La Figure peinte par Bacon est, pour Deleuze, exemplaire de cette station hystérique que comporte toute psychose, et qui ne peut être découverte qu'en dépassant l'organisme vers le corps intensif qu'Antonin Artaud a nommé le corps sans organes. Or, il est remarquable que dans la *Logique de la sensation* (1981) Deleuze présente cette même station comme l'unité rythmique de mouvements opposés de diastole et de systole, usant ainsi des termes mêmes par lesquels Henri Maldiney introduisait à toute esthétique lors d'un colloque sur les Rythmes qui eut lieu à Lyon en 1967. Deleuze, était alors le collègue et l'ami de Maldiney à l'université de Lyon. La conférence de Maldiney fut publiée dans les actes du colloque en 1968, puis en 1973 dans *Regard, Parole, Espace* sous le titre « L'esthétique des rythmes ». L'apport de Maldiney pour la construction du concept deleuzien de corps sans organes et la mise au jour de la structure ontologique propre à la station hystérique fut décisif.

L'Ouvert et le Rythme

En introduction de *L'art, l'éclair de l'être*, paru en 1993, Maldiney consacre un texte, de ce point de vue significatif, à un article d'Oskar Becker initialement publié en 1929 et traduit et annoté en 1986 par Jacques Colette dans le n° 9 de la revue *Philosophie*. Le titre de l'article de Becker est : « La fragilité du beau et la nature aventurière de l'artiste. Une recherche ontologique dans le champ des phénomènes esthétiques ». La traduction française était précédée d'un article de Colette intitulé « Une phénoménologie à double foyer », d'où Maldiney tire une citation extraite d'un article de Lukács paru en 1917 sous le titre « *Die subjekt-objekt Beziehung in der Aesthetik* ».

La citation de Lukács, que Maldiney met en résonance avec l'affirmation de Becker selon laquelle « la temporalité donne la clé à la question de l'existence esthétique », mobilise le fameux fragment 49a d'Heraclite ; « l'esthétique », écrit Lukács, « a une structure véritablement héraclitéenne, en lui personne ne descend deux fois dans le même fleuve »[1]. « Il est d'un seul instant », de *son* instant, qui s'excepte de tout autre, précise Maldiney. Or, cette dimension monadique de tout acte ou figure de la sphère esthétique, qui la soustrait à tout rapport avec une autre monade de même espèce, Maldiney l'assume pleinement, mais en un autre sens que Lukács, qui oblige à comprendre autrement ce qu'il faut entendre par « structure héraclitéenne » de l'œuvre d'art.

1. H. Maldiney, *L'art, l'éclair de l'être*, Seyssel, Éditions Comp'Act, 1993, p. 10.

Le désaccord avec Lukács porte sur la nature de l'invariant qui, pour Lukács, demeure *toutefois*, et qui, pour Maldiney, précise le sens de l'héraclitéisme de l'œuvre d'art au-delà du simple «tout s'écoule». L'invariant ou l'identité, ce qui se conserve dans l'œuvre d'art n'est pas plus pour Lukács que pour Maldiney l'identité d'un substrat, mais l'identité d'une *forme*. Or, si Lukács comprend cette dimension formelle de l'œuvre d'art à travers la catégorie husserlienne d'un schème de remplissement en attente de son contenu, offert à tous et qui laisse l'œuvre ouverte à chacun; pour Maldiney, ramener la dimension formelle de l'œuvre à un tel schème, revient à «passer outre» au *phainestai*, et trahir qu'on ne comprend pas ce que l'on dit quand on dit de l'œuvre d'art qu'elle est d'un seul instant, de *son* instant.

La dimension formelle de l'œuvre d'art, son identité, son invariant, ne consiste pas, d'après Maldiney, dans un schème intentionnel en attente de son incarnation : elle est n'est pas *Gestalt* mais *Gestaltung*, et cette *Gestaltung* est identique à l'œuvre elle-même qui n'existe pas *dans* le temps, dans l'écoulement du temps, ne s'explique pas en lui, mais *l'implique*, comme un temps monadique et discontinu qui est «sa propre transformation» et qui se conquiert à travers les crises en lesquelles l'œuvre est constamment mise en demeure d'exister à partir de rien. Bref, l'invariance, l'identité, la forme ne vient pas contredire et nuancer la structure héraclitéenne de l'œuvre d'art : elle se confond avec cette forme et oblige bien à en repenser la signification. Sous l'expression de «temporalité héraclitéenne» on n'entendra pas alors une suite transitive d'instants, et par «structure héraclitéenne», le fait d'occuper un point temporel dans l'écoulement du temps, mais plutôt la manière même dont l'œuvre est son propre instant en se portant à l'avant de soi, *en soi* – la manière dont sa tension de durée constitue *son* instant. En ce sens, est héraclitéen la forme capable de la dimension suivant laquelle elle se forme et se porte à elle-même en apportant et en emportant son espace et son temps propre.

C'est sur ce préalable que s'ouvre le septième et dernier chapitre de *Qu'est-ce que la philosophie?* de Deleuze et Guattari : « l'art conserve et c'est la seule chose au monde qui se conserve. Il conserve et se conserve soi »[1]. Les premières pages du chapitre consacré à l'art sous le titre « Percept, affect et concept » sont saturés d'une même affirmation : l'œuvre d'art est un « bloc » de sensations, un composé de percepts et d'affects qui « valent par eux-mêmes et excèdent tout vécu », et ce composé, qui « existe en soi », doit avant tout, pour que l'on puisse proprement parler d'œuvre d'art, « tenir tout seul », « tenir debout tout seul », « avoir la force d'être d'aplomb », être – à la différence des blocs friables incapables d'auto-conservation que sont les composés sous drogues – « solides et durables » comme Cézanne l'exige de ses œuvres et comme ne le sont pas suffisamment à son goût les œuvres impression-nistes. Bref l'œuvre d'art pour être ce qu'elle doit être doit être un « *monument* ».

Insistons – puisqu'il faut rapprocher l'exigence deleuzienne du monumental, qui est aussi cézanienne, de l'exigence maldineysienne pour l'œuvre d'art de se former et de se porter en elle-même – : ce monumental et ce gigan-tesque de l'œuvre, sa solidité, sa stature et sa station d'un bloc, renvoient très exactement à sa structure héraclitéenne. La

---

1. G. Deleuze, F. Guattari, *Qu'est-ce que la philosophie?*, Paris, Éditions de Minuit, 1991, p. 154.

station debout en bloc est, plus que l'écoulement, à placer sous le signe d'Héraclite. Se tenir seul debout et se conserver en soi-même d'un bloc, c'est renier et dépasser l'organisation pour affirmer l'identité massive d'un objet total. Cette station est bien celle du corps sans organes tel que le conçoivent Deleuze et Guattari dans *L'Anti-Œdipe*. Elle est aussi, en cette mesure, la station même de la substance spinoziste. Mais si, comme nous l'avons vu, Derrida comprend d'abord la station artaldienne du corps sans organes à travers la dialectique de la perte et de la réserve chez Bataille (c'est-à-dire dans le cadre de l'hégélianisme), Deleuze aborde le corps sans organes à travers les catégories de l'esthétique de Maldiney.

L'œuvre d'art est monument, mais le monument, écrivent Deleuze et Guattari, « peut tenir en quelques traits ou quelques lignes »[1]. Ce qui est presque une citation de « L'art et le pouvoir du fond », qui dans *Regard, Parole, Espace*, prolonge les analyses déterminantes de la conférence de Lyon sur l'esthétique des rythmes. Le « *Mal* » (du latin *macula* = tache, qui donne en allemand le verbe *malen* = peindre) est pour Maldiney « la forme originelle et originaire du monumental »[2] – le monument étant *Denkmal* –, et cela, précise t-il, qu'il soit « bloc, tache, trait ou point »[3].

« Le surgissement du *Mal* est celui d'un absolu; il est libre de toute autre condition d'existence et de signifiance que l'abrupt de son apparaître »[4], écrit Maldiney. Il réalise en soi cette présence unique et une de l'œuvre, sans partition, son

1. *Ibid.*, p. 155.

2. H. Maldiney, *Regard, Parole, Espace* (dorénavant cité RPE), Paris, L'Âge d'Homme, 1973, p. 174.

3. RPE, p. 181.

4. RPE, p. 178.

immobilité et sa durée monadique; en un mot : il est la forme
même de l'œuvre en tant qu'elle est auto-position, auto-genèse
et auto-conservation. Or, cette dimension formelle de l'œuvre
d'art, son existence en soi, en bloc, Maldiney la comprend
précisément comme sa dimension *rythmique*. Car, le *ruthmos*,
comme l'atteste Benveniste dans les *Problèmes de linguistique générale* sur lesquels Maldiney prend appui, « ne désigne
pas un phénomène d'écoulement, de flux, mais la configuration assumée à chaque instant déterminé par un mouvement »[1]. *Ruthmos* veut dire forme. Au sens précis de cette
forme en formation, en transformation perpétuelle dans le
retour du même que Maldiney oppose à la forme comme
schème. Alors que le schème définit, en effet, une forme fixe
posée comme un objet, le rythme désigne au contraire la forme
dans l'instant qu'elle est assumée par ce qui est mouvant,
fluide. Plus précisément : à cette configuration instantanée, la
forme rythmique ajoute la continuité interne d'une durée, de
telle sorte qu'en elle l'opposition de l'instant et du temps se
supprime. Ce que Maldiney exprime en citant le fragment 50
d'Héraclite : « tout est en Un et Un toutes choses ». Car la
structure héraclitéenne de l'œuvre d'art n'est pas à chercher
uniquement dans le « tout s'écoule », mais dans « l'alliance
surprise du «temps enfant qui joue» et du «gouvernement de
tout à travers tout» » du fragment 41. Le destin du rythme – et
donc la forme de l'œuvre ou l'œuvre comme forme, comme
Mal – se jouant entre les deux extrêmes de la limite et de
l'illimité.

C'est cette conception du *Mal* qui inspire profondément
Deleuze pour son interprétation de la Figure de Bacon, en

1. RPE, p. 157.

laquelle nous avons reconnu un exemple de la station hystérique du sujet. Image isolée, dans une extrême solitude, la
Figure de Bacon est en effet décrite par Deleuze comme
« tantôt contractée et aspirée, tantôt étirée et dilatée ». Il y a là
pour Deleuze – qui emploie une expression que nous avons
déjà rencontrée chez Hölderlin et chez Derrida – un singulier
« athlétisme »[1], qui cherche à faire coexister deux mouvements exactement inverses. Le premier mouvement va de la
structure matérielle, c'est-à-dire de l'aplat, à la Figure : l'aplat
se trouve pris dans un mouvement par lequel il forme un
cylindre, s'enroule autour du contour, du lieu, enveloppe,
emprisonne la Figure, afin d'en accuser à l'extrême l'isolement et la localisation. Le second mouvement va de la Figure
vers l'aplat ; il est le mouvement par lequel, cette fois, la Figure
tend à s'illocaliser, à s'échapper d'elle-même par un point de
béance pour se dissiper dans l'aplat. Aucun des deux mouvements, note Deleuze, ne va toutefois à son terme, et si la Figure
isolée par le premier mouvement tend bien par le second à se
dissoudre, par lui « pourtant elle ne se dissout pas encore dans
la structure matérielle, elle n'a pas encore rejoint l'aplat pour
s'y dissiper vraiment, s'effacer sur le mur du cosmos fermé » ;
car, si l'on allait jusque-là, la Figure disparaîtrait. La caractéristique constante des Figures est, en effet, d'être tout aussi
bien « abandonnées, échappées, évanescentes, confondues »
qu'« isolées, collées, contractées ». Il y a là une stricte coexistence du contracté et du diffus, de la systole qui serre le corps et
va de l'aplat à la Figure et de la diastole qui l'étend et le dissipe
en allant de la Figure à l'aplat. Cette coexistence est telle que
« déjà il y a une diastole dans le premier mouvement, quand le

1. LS, p. 16.

corps s'allonge pour mieux s'enfermer ; et il y a une systole
dans le second mouvement, quand le corps se contracte pour
s'échapper ; et même quand le corps se dissipe, il reste encore
contracté par les forces qui le happent pour le rendre à
l'entour ».

Ce rapport en lequel « l'espace s'échappe à lui-même en
diastole mais les foyers de l'œuvre le rassemblent en systole,
selon un rythme expansif et contracté en modulation perpétuelle » [1], caractérise précisément pour Maldiney le troisième
style de l'être pictural (celui des aquarelles de Cézanne), qui
articule les deux phases du souffle vital – l'universalisation et
la singularisation – dans l'instant de l'*apparition-disparition*
d'une forme en métamorphose ; par opposition à l'art sacré
d'Égypte en lequel la rencontre du monde se manifeste dans
l'ouverture d'un *apparaître* absolu, toutes choses se donnant
alors à partir du « mur cosmique » comme du fond d'où elle
surgissent par contraction (systole) ; et par opposition au
monochrome Song en lequel les choses se dévoilent dans
« l'Ouvert de leur *disparaître* » (diastole).

Il est remarquable que ce troisième style réalise pour
Maldiney l'essence même de l'image, qui, comme l'image
(*Bild*) originaire en laquelle Hölderlin perçoit la source de la
poésie, et qui s'espace elle-même indépendamment de toute
intentionnalité, « se donne toujours dans un double mouvement de diastole et de systole ». En sa surrection la plus primitive, le motif, qu'il soit bloc, tache ou trait, comprend les
deux moments : celui de « l'exaltation diastolique » et celui du
« recueillement systolique », celui de la *thesis* et de l'*arsis*,

1. RPE, p. 171.

« qui sont les intégrants non-thématiques de l'immobilité tendue où la masse prend forme »[1].

Comme la victime sacrée au centre évidé de la foule meurtrière et primitive, comme la scène du théâtre de la cruauté ou le corps sans organes artaldien, le motif maldineysien est « un foyer d'émanation et de concentration de soi-même et de l'espace » qui implique en lui-même par consé-quent les deux moments de l'enveloppement et du détache-ment. Son surgissement est celui d'un absolu libre de toute autre condition que l'abrupt de son apparaître. L'ensemble de l'analyse que nous venons de conduire à propos du corps sans organes dans *L'Anti-Œdipe*, en tant qu'il articule la fluence schizophrénique et l'immobilité paranoïaque dans une station rythmique, qui ne limite pas l'illimité en l'ordonnant comme il en irait dans la régularité d'un geste ou d'une cadence, mais qui expose et assume l'illimité même, son mouvement dissol-vant, dans la torsion d'une forme émergente, non représen-tative, constamment portée à la séparation et reprise par le fond indifférencié d'où elle s'arrache – l'ensemble de cette analyse peut et doit être relue à la lumière de l'esthétique d'Henri Maldiney.

On relèvera d'ailleurs que l'Ouvert deleuzien, comme l'Ouvert maldineysien, n'ouvre véritablement à la rencontre du nouveau qu'en ouvrant une clôture et donc à condition de *conserver* cette clôture dans le mouvement même de son ouverture. Il est remarquable que dans le commentaire de Bergson par lequel commence *L'image-mouvement* Deleuze mobilise la notion heideggerienne-maldineysienne de l'Ouvert pour introduire à la notion bergsonienne de la durée comme

1. RPE, p. 181.

d'un tout qui n'est « ni donné ni donnable »[1], mais auquel il appartient « de changer sans cesse ou de faire surgir quelque chose de nouveau ». Mais on sera surtout attentif au fait que, pour ainsi dire, le maximum de création ne sera garanti qu'à condition que « la durée, en changeant de nature, se divise dans les objets, et que les objets, en s'approfondissant, en perdant leurs contours, se réunissent dans la durée » : le mouvement, en tant qu'il est une coupe mobile de la durée, présente donc le double caractère du *Mal* maldineysien, celui de la singularisation et de l'universalisation ; d'une part il « rapporte les objets [discernables] d'un système clos à la durée ouverte », et, d'autre part, il rapporte « la durée aux objets du système qu'elle force à s'ouvrir ». C'est, en dernier ressort, « entre les deux », entre le système clos des objets discernables et l'Ouvert que, pour Deleuze, « "tout" change ». C'est dans cet entre-deux du clos et de l'ouvert que s'espace sans substrat le motif maldineysien ou la Figure baconienne. Cet entre-deux est l'espace propre de la station hystérique du corps sans organes artaldien ; ou plutôt, il est identique à son espacement même.

C'est à condition, pour Maldiney, d'entrer dans le Rythme que « l'Ouvert n'est pas béance », *Ungrund* ou *Abgrund*, « mais patence »[2], non plus « engloutissement », mais « émergence ». C'est par le Rythme, tel que le définit précisément la conférence de 1967 sur « L'esthétique des rythmes », que « s'opère le passage du chaos à l'ordre » ; car si, pour Maldiney comme pour Deleuze, la création commence par le chaos, elle n'est effective qu'à condition de le surmonter. La forme

---

1. G. Deleuze, *L'image-mouvement*, Paris, Minuit, 1983, p. 20.
2. RPE, p. 151.

esthétique, écrit Maldiney dans *L'art, l'éclair de l'être*, dans la mesure même où elle est forme en formation, *Gestaltung*, par le rythme diastolique-systolique, empêche avant tout le retour des énergies ouvrantes et fermantes à la masse, leur « retour au fond, à la matière première vers laquelle se retirent toutes les matières de l'œuvre »[1]. Seule cette forme ouvre l'Ouvert, seule elle fait à proprement exister le fond : lui donne sa valeur d'être le fond (le *Grund*) d'une existence, et non le sans-fond (l'*Ungrund*) où s'abîme tout exister. Maldiney met ici bien sûr en œuvre l'ontologie schellingienne – et sans doute plus exactement le commentaire qu'en fait Heidegger dans son cours de 1936 sur *Les recherches sur la liberté humaine* de Schelling.

Nous reviendrons dans notre cinquième chapitre sur le sens de cette ontologie schellingienne-heideggerienne, et sur cette caractéristique de la station hystérique du *Mal* qui est, pour reprendre les termes mêmes de Maldiney, de « fonder l'espace en ex-istant » – c'est-à-dire de faire *fond* sur l'espace et donc de refouler en arrière de son ex-ister, de sa surrection, l'espace comme le fond qu'elle quitte et qui la reprend. Pour l'instant, nous explorerons un autre aspect de l'esthétique maldineysienne du rythme qui éclaire encore un peu plus la figure que nous cherchons ici à faire voir comme celle de la station hystérique, et qui prolonge cette caractéristique que nous lui avons déjà reconnue d'ouvrir sur une communication des inconscients : situé en deçà de la polarité sujet-objet[2], le rythme ouvre à même le sentir une communication « non pas avec tel ou tel objet, mais avec le monde entier ».

1. H. Maldiney, *L'art, l'éclair de l'être*, *op. cit.*, p. 19-20.
2. RPE, p. 164.

PULSION ET TRANSPASSABILITÉ

Dans son *Francis Bacon*, Deleuze voit dans la peinture un effort pour intégrer la catastrophe, le pur chaos visuel, par laquelle elle commence pourtant en abîmant toute représentation. Reprenant la tripartition maldineysienne des styles que nous venons d'évoquer, il distingue entre un art du chaos généralisé (l'exaltation diastolique de Pollock) et un art du chaos surmonté (l'exaltation systolique de l'art abstrait), auxquels il oppose la formule rythmique de la peinture de Bacon (en laquelle diastole et systole s'impliquent mutuellement dans l'immobilité tendue du surgissement de la Figure). Cette catastrophe, cette ouverture du chaos comme béance absolue, Maldiney la comprenait comme ce qui, à l'origine de la peinture, ou plus exactement du *malen* (l'érection du motif, ou de la Figure), met en demeure d'exister à partir du Rien. Le rythme propre à la station du motif en laquelle les mouvement de diastole et de systole s'impliquent mutuellement – le rythme qu'est la station hystérique même – étant alors ce qui, par delà la catastrophe en laquelle l'acte de peindre s'inaugure par l'anéantissement de toute représentation et de tout sens, maintient dans l'Ouvert déjà ouvert par la catastrophe. La station diastolique-systolique du motif était ainsi essentiellement ouverture au « Réel » comme à « ce qu'on attendait pas » – à la rencontre imprévisible de l'événement hors prise qu'est le Réel.

Sous cet aspect, la station hystérique réalise une certaine position de la subjectivité, que nous pouvons appréhender comme une certaine sensibilité ou affectabilité excessive. Hystérique, le sujet ainsi défini est, nous l'avons dit, tout autant hystérisant qu'hystérisé. D'autant plus présent à toutes choses que les choses sont excessivement présentes à lui. Une telle affectabilité excessive ne saurait toutefois s'expliquer hors d'une certaine attente – une attente que Maldiney précise comme l'attente même de ce qui est hors d'attente, et qu'il pense notamment en mobilisant et en réélaborant le concept de *pulsion* – c'est-à-dire une certaine théorie du désir.

Dans *Pulsion et présence*, paru d'abord en 1976 dans *Psychanalyse à l'Université*, et repris en 1991 dans *Penser l'homme et la folie*[1], Maldiney avance que «la notion de pulsion intervient pour la première fois d'une manière décisive comme concept crucial de la compréhension de l'homme, à la fin du 18ᵉ siècle en Allemagne, [...] dans deux œuvres publiées en 1795 : dans la troisième partie de *L'assise fondamentale de la Doctrine de la science* de Fichte et dans *Les lettres sur l'éducation esthétique de l'homme* de Schiller». Il ajoute en note que «la théorie des pulsions gagne considérablement en amplitude [chez Fichte] dans *das System der Sittenlehre nach den Principien der Wissenschaftslehre* (1798)», *Le système de l'éthique selon les principes de la doctrine de la science*, auquel il emprunte beaucoup, et qu'il cite d'ailleurs longuement et positivement au commencement de son article en traduisant notamment ce passage extrait de la «Déduction de la réalité et de l'applicabilité du principe de la moralité (ou éthicité : *Sittlichkeit*)» : «la constitution objective d'un moi n'est aucunement un être, une subsistance ; car ce serait faire de lui son opposé, la chose. Son essence est absolue

---

1. H. Maldiney, «Pulsion et présence», dans *Psychanalyse à l'Université*, t. 2, nº 5, décembre 1976 ; repris dans H. Maldiney, *Penser l'homme et la folie. À la lumière de l'analyse existentielle et de l'analyse du destin* (dorénavant cité PHF), Grenoble, Millon, 1991.

activité et rien qu'activité : mais, prise objectivement, activité c'est pulsion (*Trieb*) ».

On relèvera que ce à quoi Maldiney est d'emblée sensible dans cette première et cruciale intervention de la notion de pulsion en philosophie, c'est à cette objectivité, à cette dimension *objective* de la pulsion : si le moi, l'*ego*, est heureusement désubstantialisé, dé-réifié, et d'abord compris en son essence, pour la première fois par Fichte, comme activité, cette reconduction du moi à l'activité n'en est pas moins reconduction à un élément *réel*. Cet élément réel – objectif, c'est-à-dire effectif – c'est précisément *la pulsion*. Certes, Maldiney, en paraphrasant Fichte écrit que « ce serait réduire le moi à une chose que de prétendre l'atteindre dans la seule forme de l'objectivité », et il ajoute, traduisant cette fois directement Fichte : « une chose est quelque chose. Le moi jamais n'est tout simplement. Il n'est rien qu'il ne sache. [...] Son être se rapporte immédiatement et nécessairement à sa conscience. Cette détermination simple qui se trouve dans l'être et la [*moïté*] s'appelle sentiment. Si donc le moi est posé avec une pulsion constituant sa détermination objective, il est posé nécessairement avec un sentiment de cette pulsion ». Le moi n'est donc pas réductible à la seule pulsion, à la seule activité en sa forme objective : il faut joindre à cet élément objectif un élément *subjectif* ; cet élément subjectif, c'est le *sentiment* ou la conscience de la pulsion. On notera toutefois d'abord que – comme le précise Fichte dans la *Doctrine de la science nova methodo* (qui est presque contemporaine du *Système de l'éthique*) –, bien que le sentiment soit un état subjectif, il ne peut être senti sans être rapporté à l'objet – il est conscience *de* – ; on relèvera ensuite que le sentiment de la pulsion constitue une conscience nécessaire et immédiate – qu'en lui le moi est entièrement *lié*, non-libre. C'est cette conscience *nécessaire* de la constitution *objective*, pulsionnelle du moi qui intéresse Maldiney ; c'est à ce sentiment pour ainsi dire originaire que « s'accroche » pour lui « le destin de la conscience » ; c'est lui qui « prépare la mise en œuvre de la liberté ».

En quoi le sentiment de la pulsion engage-t-il ainsi le destin de la conscience, au point de pouvoir être établi – comme le suggère Maldiney – au principe de la « *Schicksals*-analyse » (analyse du destin) qu'il veut opposer à la «*psycha*-nalyse » ? En quoi prépare t-il la mise en œuvre de la liberté ? La réponse à cette question passe évidemment par la détermi-nation de ce à quoi je suis lié dans et par ce sentiment – de ce qui, par cette conscience originaire de la pulsion, m'est nécessairement donné d'essentiel et de propre à *fonder* ma liberté – c'est-à-dire à lui servir de *sous-bassement*.

Pour répondre à cette question, Maldiney se tourne vers *L'assise fondamentale de la Doctrine de la science* de 1794-95. L'usage qu'il fait du texte fichtéen est alors très éclairant sur ses intentions, sur ce qu'il y cherche et y anticipe de sa propre pensée.

Dans le sentiment de la pulsion, « le moi se sent en tant que poussé vers quelque chose d'inconnu, sans avoir conscience de ce qui le pousse ni aucun sentiment de l'objet de la pulsion », écrit Maldiney en citant (approximativement) Fichte. Le texte de l'*Assise fondamentale* parle bien en effet de la possibilité pour le moi de se sentir « en tant que poussé vers quoi que ce soit (*irgend etwas*) d'inconnu ». Mais en remontant plus haut dans la page de l'*Assise*, on trouve aussi (ce qu'omet Maldiney) que, si la pulsion ou la poussée ressentie ne détermine pas l'activité *réelle* du moi – c'est-à-dire n'engendre pas une activité qui exercerait une causa-lité sur le non-moi –, elle en détermine cependant l'activité *idéale* – c'est-à-dire pousse le sujet à produire en lui la représentation de quelque chose (*etwas*) comme objet de la pulsion, à produire en lui la représentation de ce que celle-ci produirait si elle possédait une causalité. Or, c'est cette production idéale de l'objet de la pulsion qui, pour Fichte, « ne vient pas à la conscience », de sorte que « ne naît encore ni aucun sentiment de l'objet ni aucune intuition de celui-ci »[1]. Il faut insister sur le « *ne pas encore* ». Le sentiment de la pulsion n'est pas pour Fichte le sentiment d'une poussée vers l'inconnu *comme tel*, il est le sentiment d'une poussée vers *un objet quelconque inconnu* qui n'est *pas encore* senti ni intuitionné – n'est *pas encore* l'objet d'une conscience d'objet –, mais est seulement produit idéalement, comme une modification intérieure du moi. Ce que Maldiney veut par contre seulement retenir – en infléchissant le texte fichtéen – c'est que la pulsion est originairement ressentie comme une poussée qui, indépendante de tout objet, non seulement n'est pas fondée dans la présence préalable d'un objet – ce qu'admet aussi Fichte –, mais surtout n'anticipe ou ne vise aucun objet; pour être précis : que la constitution objective du moi est celle d'une poussée qui va *au-delà de tout objet*.

Citant le point 4 du § 10 de la troisième partie de l'*Assise fondamentale*, en lequel il est pourtant précisé que le sentiment de la pulsion est le sentiment d'une activité « *qui n'a absolument aucun objet*, mais qui, *irrésistiblement poussée, se déploie en direction d'un objet* »[2], Maldiney interprète l'aspiration, le besoin, le « *Sehnen* » (selon le terme même employé

1. Fichte, *Sämmtliche Werke* (dorénavant cité SW), I, *Grundlage der gesammten Wissenschaftslehre*, Berlin, W. de Gruyter, 1971, p. 296.

2. Fichte, SW, I, p. 302.

par Fichte) en lequel se manifeste la pulsion, comme « coïnci-dant », en tant qu'aspiration, avec une « nostalgie ». Il faut insister sur la façon dont Maldiney accentue et interprète le texte fichtéen : là où Fichte parle d'une attente d'objet, d'un besoin (*Bedürfnis*) de remplissement, d'un mouvement anti-cipatif et prospectif entièrement orienté vers une nécessaire détermination de l'objet du désir, Maldiney comprend une attente qui va au-delà de tout remplissement possible, une attente nostalgique, tournée vers l'impossible. Là où Fichte parle d'une aspiration (*Sehnen*) « à quelque chose d'autre (*etwas anderes*) »[1] (où c'est, une fois de plus le « *etwas* », le « quelque chose », même indéterminé, qui compte), Maldiney comprend une aspiration, une « poussée vers l'altérité [au] double sens d'une pulsion au changement et à la rencontre de l'autre » – mais de l'autre comme cette altérité singulière, peut-être la plus absolue, celle que Freud a pensé sous la caté-gorie de l'*Unheimliche* et qui se définit par le double caractère d'être « à la fois nôtre et étrangère »[2], familière et inquiétante ; et d'être en conséquence proprement inappropriable, toujours en retrait.

C'est en cette mesure que singulièrement, pour Maldiney, le sentiment originaire de la pulsion prépare l'œuvre de la liberté, qu'il revêt une signification profondément *éthique* : dans la mesure où, en ouvrant la perspective d'une transcen-dance pure, sans objet, toujours ouverte, il sollicite la liberté du moi, le met au défi d'*exister* ou non ce « fond inconscient » et « immémorial » qu'est en lui l'énergie pulsionnelle donnée et orientée au-delà de l'objet – de s'ouvrir lui-même librement

1. Fichte, SW, I, p. 320.
2. H. Maldiney, PHF, p. 150.

à la rencontre d'une altérité irréductible et in-appropriable. Par ce sentiment, nous sommes ainsi originairement liés à l'inconnu et à l'altérité, originairement ouverts à la rencontre de l'étranger. Cet être-lié n'est pas alors l'opposé de la liberté, il n'est pas ce qui doit être dé-lié par elle, mais il est bien son *fond*, ce qu'elle présuppose elle-même à la fois comme sa condition et comme l'objet même de son choix si elle veut se maintenir comme liberté : être libre revient à choisir l'être-lié de ce sentiment singulier qu'est le sentiment de la pulsion comme sentiment de l'ouverture infinie à la rencontre.

C'est, par là, la tension propre à cette immobilité *tendue* du motif maldineysien à travers lequel nous cherchons à penser la Figure hystérique qui s'explique : une singularisation, une surrection, une jetée, un être *là*, abrupt, essentiellement en formation de soi et par soi, qui est aussi, et aussi radicalement qu'il est la séparation d'une forme, une universalisation, un effacement sur le mur infini du cosmos. La station hystérique est pulsionnelle en ce sens très précis où la pulsion, qui n'est nullement une *poussée* (c'est-à-dire l'application d'une force *par derrière*) ni n'est désinhibée par un objet (c'est-à-dire un *projectum*, quelque chose de jeté *au-devant*), – où la pulsion désigne le mouvement foncièrement génétique, l'auto-mouvement d'une forme intégralement auto-engendrée (le corps sans organes). Et cet auto-engendrement est en même temps ouverture à ce qui excède la totalité déterminée du sens, ouverture à l'espace total, indéterminé, où seul advient la vraie rencontre – c'est-à-dire le Réel.

Le sentiment fichtéen de la pulsion est ainsi, en 1976, pour Maldiney, une exacte anticipation de ce qu'il pensera sous le terme de « transpassibilité » [1] et qui définit à la fois une *capa-cité* – la « capacité infinie d'ouverture » de celui qui, comme Nietzsche à Sils Maria, est là « attendant, n'attendant rien » – et une *impression* – l'*ursprüngliche Empfindung* (l'impression originaire) que Hölderlin, dans un essai poétologique de la période d'Empédocle (*La démarche de l'esprit poétique*) place au commencement de tout art : la réception par le poète de tout son univers comme nouveau et inconnu, comme se présentant à travers un « élément inconnu et informulé » [2], ou encore le sentiment ressenti par le poète que « tout se montre à lui *comme la première fois*, c'est-à-dire que tout est *incompris*, indéterminé, à l'état de pure matière et vie *diffuse* » [3].

Voilà ce qu'en fin de compte le sentiment fichtéen de la pulsion offre qui soit susceptible de fonder la liberté, c'est-à-dire de faire fond pour elle : la « transpassibilité », c'est-à-dire la capacité de pâtir (la passibilité) de l'imprévisible, de l'excès dans la sur-prise de toute prise et de tout comprendre, – la capacité de se faire réceptif au plus surprenant, c'est-à-dire au *phainestai* qui est l'*Ur-phänomen*. Une capacité d'accueil qui, parce qu'elle est capacité de pâtir de l'événement hors d'attente, est aussi « transpassibilité à l'égard du Rien d'où l'événement surgit avant que d'être possible ». Une passibilité, enfin, qui n'étant limitée par aucun *a priori* subjectif, ne peut ramener l'événement auquel elle s'ouvre à aucune expression

---

1. *Cf.* Maldiney, « De la transpassibilité », dans PHF. Ce dernier texte date de 1991.

2. H. Maldiney, PHF, p. 396 ; Maldiney cite : Hölderlin, *Œuvres*, trad. fr. Ph. Jaccottet (dir.), Paris, Gallimard, 1967, p. 630.

3. Hölderlin, *Wink für die Darstellung und Sprache* (*Indices pour l'exposition et le langage*), *op. cit.*, p. 630.

mienne et implique un complet devenir autre, une complète transformation de celui qui, ainsi, accueille l'événement.

Ces trois caractères : premièrement, ouvrir une crise dont le sens est d'exprimer le rien en lequel s'abîme l'ontique – ne rien attendre ; deuxièmement, être réceptif à la factualité, l'évidence d'une rencontre imprévisible ; troisièmement, être transformé dans et par cette apparition, au point que la crise ouverte par la transpassibilité doit être dite une crise personnelle, – ces trois caractères (être passible du rien, de la rencontre, de la métamorphose) sont aussi les caractères du sentiment fichtéen de la pulsion d'après Maldiney. Les caractères mêmes qui lui assurent sa signification positive et libératrice – et qui motivent le vif intérêt porté par Maldiney à la philosophie de Fichte. Ce sont ces mêmes caractères que nous avons rencontrés en évoquant la promenade deleuzienne du schizophrène et qu'il faut attribuer à la station hystérique du sujet : la crise personnelle qui ruine complètement l'identité substantielle en exposant à une expérience inappropriable du monde en laquelle le sujet, le « je » se sent lui-même devenir la totalité intotalisable de ses rencontres.

CRISE EXISTENTIELLE ET PSYCHOSE

La crise existentielle dont il est ici question se distingue radicalement de la crise du vivant en laquelle s'éprouve, selon Maldiney, la passibilité animale. Celle-ci est une simple « interruption » de la cohérence (c'est-à-dire de l'identité biologique qui lie dans une forme de rencontre en mouvement l'organisme et son milieu) ; elle est une défaillance seulement passagère qui met le vivant en demeure d'assurer sa continuité et en laquelle se crée nécessairement la décision qui le ramène à soi en rétablissant son unité avec le milieu. L'état critique existentiel où s'éprouve la transpassibilité humaine comme capacité de subir l'événement est, quant à lui, plus qu'une défaillance dans la continuité d'une formation obligeant à la reformation constante d'un équilibre. Il est proprement contrainte à « exister à partir de rien ».

C'est dans l'épreuve de cette contrainte que *commence* pour Maldiney toute psychose. C'est à partir d'elle que peut se construire une psychopathologie. Car, il faut distinguer ce commencement de toute psychose, qui est un commencement *dans* la psychose, de la réponse *pathologique* donnée par le sujet à ce commencement. La station hystérique dans l'Ouvert, essentiellement psychotique, définit en vérité pour Maldiney un mode d'être privilégié, proprement authentique (au sens du terme allemand *eigentlich*, c'est-à-dire au sens que Heidegger donne à ce terme à partir du § 54 de *Être et Temps*)) en lequel le sujet est pourtant exposé au risque de la maladie mentale, par la *catastrophe* même que constitue l'exposition à l'Ouvert. C'est ainsi parce qu'il ne parvient pas à faire face à la contrainte d'exister à partir de rien que le *mélancolique* est incapable d'accueil et de rencontre, que le *maniaque* se soustrait à l'accueil en devançant tout instant où quelque chose risque d'arriver, que le *schizophrène* (au sens maldineysien) ressasse un événement unique et non transformé. Mélancolie, manie et schizophrénie sont ici trois destins pathologiques d'une même crise, que nous avons identifié comme la crise existentielle psychotique en laquelle s'éprouve l'humain proprement dit. Ces destins pathologiques du psychotique s'expliquent par la défaillance de la transpassibilité, par une impossible transpassibilité, le *Dasein* psychopathologique étant dans son inauthenticité même une existence dont l'authenticité est en jeu. Une épreuve dans l'inauthenticité, dans l'impossible authenticité, de la possibilité d'une existence authentique ouverte par la crise existentielle fondatrice de l'humain comme tel.

On sera attentif au fait que, pour Maldiney, la compréhension heideggerienne de la dimension pathique du *Dasein* comme capacité de rencontrer un monde seulement en accord avec les tonalités qui définissent l'espace de résonance de notre *Befindlichkeit*, se tient en-deçà du point critique où s'éprouve la transpassibilité – en deçà de l'authentique faculté de rencontre. À la passibilité heideggerienne comme passibilité à quoi nous sommes échus, comme passibilité du destinal, Maldiney oppose la transpassibilité comme ouverture à l'événement sans raison, à l'apparition sans fond, qui arrive par rencontre et auquel je ne suis pas jeté – l'ouverture sans dessein à ce dont nous ne sommes pas a *priori* possibles. L'attente de ce qui est hors d'attente. Il faut insister sur cet aspect de la transpassibilité qui est au cœur de l'*ursprüngliche Empfindung* hölderlinienne. La transpassibilité est, dit Maldiney, réceptivité à «une signifiance insignifiable»[1], à l'événement d'une expression, d'une image, de soi-même, d'un autre ou des autres, proprement « inintégrable » – irréductible à la mienneté. De même l'*Empfindung* originaire hölderlinienne, nous l'avons dit, est réception par le poète de tout son univers comme nouveau et inconnu. «L'art et la nature » – poursuit Hölderlin dans les pages de *Wink für die Darstellung und Sprache* (*Indices pour l'exposition et le langage*) que cite Maldiney – «tels qu'ils se présentent en lui [le poète], et en

1. PHF, p. 419.

dehors de lui, [se montrent] à lui *comme la première fois* […];
et il est essentiel qu'en cet instant […] la nature et l'art, tels
qu'ils les a connus autrefois et tels qu'ils les perçoit, ne *parlent*
pas avant qu'un langage n'existe *pour lui*» – avant qu'existe
« son langage à lui ». Cette passion en-deçà ou au-delà du
langage en lequel l'art et la nature signifient de manière
insignifiable, prennent une expression incompréhensible, et
où se laisse pressentir un langage unique, séparé, infiniment
séparé, qui n'existe que pour le sujet d'une telle *Empfindung*,
Hölderlin, en son « mode pur », la désigne comme « réceptivité
supérieure » et « divine »; de sorte que le poète, ayant atteint
dans le langage unique de sa poésie la manifestation ou le « pur
reflet » de la simplicité originelle de l'*Empfindung* originaire
se sent lui-même « esprit infini dans la vie infinie ».

Il est remarquable que Maldiney, pour donner sens à la
transpassibilité, ait précisément recours au Hölderlin de la
période d'Empédocle, c'est-à-dire au Hölderlin déjà « visité
par la folie », ou bien pour reprendre une expression de
Psychose et présence qui ouvre *Penser l'homme et la folie* :
déjà « en pays étranger » – cette étrangéreté étant singulièrement la meilleure expression de la transpassibilité. La transpassibilité hölderlinienne, ouverture à la rencontre incompréhensible, à l'expression inintégrable de soi et des autres
seulement exprimable en un langage qui reste sans prise et
ne signifie pas la signifiance originaire et silencieuse, mais
l'expose dans une image ou un reflet lui-même incompréhensible, – cette transpassibilité est *divinisation*. Et cette
divinisation présente tous les caractères de la divinisation
psychotique foudroyante, celui d'une saturation infinie du
sens, toutes choses signifiant au-delà du signifiable, celui
d'une sur-proximité à toutes choses associant contradictoi-
rement l'évanouissement infini de soi en tout et la séparation

infinie de soi à l'égard de tout dans un reflet *unique* de l'infini. D'un tel foudroiement Hölderlin devient d'ailleurs lui-même de plus en plus conscient, d'abord dans *La mort d'Empédocle* où la réceptivité supérieure et divine avoue sa face d'errance[1], enfin dans les *Remarques sur Œdipe et Antigone* où l'unité, l'accouplement du dieu et de l'homme dans cette divinisation, est compris comme l'effroyable – comme cet effroyable que le verbe poético-tragique expose dans la figure sacrificielle, infiniment séparée, du héros voué à la mort. De cette exposition de la désindividuation effroyable, de l'Un illimité, dans la séparation illimité et purificatrice, dans l'individuation sacrificielle du héros tragique, nous avons déjà parlé dans notre premier chapitre; et nous l'avons, dans les chapitres suivants, mis étroitement en rapport avec la station psychotique du corps sans organes. Il est inutile d'y revenir ici.

Que la crise existentielle ouverte dans la psychose, en exposant au danger de la rencontre absolue, expose au risque de la *pathologie* psychique – qu'elle puisse difficilement être tenue, prolongée dans une attente pure – c'est ce qu'atteste par exemple tout particulièrement la lecture des *Rêveries du promeneur solitaire* de Rousseau, auquel Maldiney ne fait certes pas référence mais qui nous semble ici pouvoir éclairer le principe même de sa psychopathologie. Cette illustration permettra, en outre, de mieux faire voir le caractère proprement catastrophique de la crise existentielle telle qu'elle vient d'être définie.

En lisant les *Rêveries* on apprend, en effet, que la Profession de foi du vicaire savoyard de l'*Émile* est le

---

1. *Cf.* J.-Ch. Goddard, *Mysticisme et folie*, Paris, Desclée de Brouwer, 2002, p. 101 *sq.*

« résultat » [1], la « décision », la consolation d'une « étrange révolution » qui prit Rousseau « au dépourvu » et dont il fut « d'abord bouleversé » – d'une profonde *crise*, donc, qui le plongea dans « un délire qui n'a pas eu trop de dix ans pour se calmer », et qui précéda de « quinze ans et plus » la rédaction de la première promenade. Or, la théologie rousseauiste est toute entière une réponse à cette crise, ou plutôt à l'état induit par cette crise, qui, à l'inverse de ce que peut être par exemple la crise gestaltique du vivant dont parle Weizsäcker dans le *Gestaltkreis*, n'a pas trouvé sa propre décision dans la restauration d'un nouvel équilibre, d'une continuité vitale.

Car si la doctrine rousseauiste de Dieu est bien une décision, elle ne l'est pas au sens de cette décision qui dans l'ordre biologique émerge naturellement de la crise même, mais bien au sens d'une pétition de principe par quoi Rousseau, le sujet de cette crise, mis en demeure d'échapper à son anéantissement, « [fixe] une bonne fois [ses] opinions, [ses] principes, et [est] pour le reste de sa vie ce qu'il aura trouvé d'être après y avoir bien pensé » [2] – « [se décide] pour toute [sa] vie sur tous les sentiments qu'il lui importe d'avoir ». Une décision, qui n'est donc pas le résultat d'une aptitude à surmonter la sur-prise de la crise, la rupture d'équilibre qu'elle signifie, moyennant une certaine ouverture, une certaine réceptivité ou sensibilité à l'imprévu, à l'événement hors d'attente – une décision qui ne manifeste pas une aptitude à la rencontre, mais tout au contraire consiste dans une radicale et définitive fermeture à toute rencontre, à tout événement, à tout

1. Rousseau, *Les rêveries du promeneur solitaire* (dorénavant cité R), Paris, GF-Flammarion, 1964, p. 65.
2. R, p. 63.

Anstoss. La religion rousseauiste du sentiment *décidé* étant ainsi fort singulièrement une fermeture au sentiment comme capacité de ressentir.

Or, quelle est cette «étrange révolution», cette «position»[1], cet «étrange état»[2], où, en 1776, Rousseau se trouve depuis déjà plus de quinze ans, c'est-à-dire au moins depuis la rédaction de l'*Émile*? Quelle est cette «situation si singulière», «la plus étrange position où se puisse jamais trouver un mortel», cette «incroyable situation»[3] où il se trouve réduit et qui fait de lui «le seul au monde» auquel la fortune fait loi de «se circonscrire»[4] et de trouver à se réconforter par là dans les principes et les sentiments de la Profession de foi du vicaire savoyard? Car ces principes et le Dieu qu'ils appellent ne valent bien que par rapport à cet état, cette position ou situation, c'est-à-dire pour lui seul.

L'étrange situation qui requiert une telle fixation – et fixité – des sentiments est strictement la même que celle du jeune homme instruit par le vicaire de l'*Émile*, que celle du «bon prêtre» lui-même : un certain «abattement» du à l'opprobre et au mépris, une incertitude qui prolonge l'inquiétude du doute cartésien au-delà de ce que l'on peut endurer – la conviction d'être «seul sur terre»[5] et d'avoir été proscrit de la société par un «accord unanime», d'avoir été «enterré tout vivant» par une «génération toute entière», d'être couvert de «diffamation, de dérision, d'opprobre» de «concert» par «toute la génération présente», par «tous ceux qui gouvernent l'État»,

1. R, p. 35
2. R, p. 40.
3. R, p. 66.
4. R, p. 95.
5. R, p. 35.

« dirigent l'opinion publique », « tous les hommes en place » et « en crédit » – enfin d'être « traîné dans la fange sans savoir par qui ni pourquoi ».

Cette transformation de l'altérité en agression et en exclusion unanime, en un « commun complot », associée à « la mort de tout intérêt »[1], à la perte du *là* – être « sur la terre comme dans une planète étrangère où je serais tombé de celle que j'habitais »[2] –, cette transformation s'interprète bien, à la lumière de la *Daseinsanalyse*, comme un défaut de transpassibilité, comme une impuissance à pâtir de l'imprévisible. C'est de cette impuissance que Rousseau semble faire douloureusement l'expérience, de son incapacité à affronter la crise existentielle où s'abîme l'ontique au profit du *je* comme capacité d'exister à partir de rien. C'est le défaut de cette transpassibilité qui paraît être à l'origine de la généralisation ressassante du mal, puis de la Profession de foi consolatrice par laquelle l'unanimité du mépris change de sens, se fait « décret éternel »[3] et signifie tout aussi bien l'accord universel du système du monde crée par un Dieu bon[4].

Insistons sur le caractère défensif et auto-thérapeutique de ce second unanimisme, cette fois bénéfique, qui protège Rousseau du pathique de l'existence, vécu par lui comme hostilité, en dissolvant et en s'appropriant tout affect dans une pré-compréhension du monde comme harmonie universelle – à tel point, pourrait-on dire, que la religion rousseauiste dite du *sentiment*, par cette pré-compréhension de tout événement

1. R, p. 41.

2. R, p. 39.

3. R, p. 53.

4. *Cf.* Rousseau, *Émile* (dorénavant cité E), Paris, GF-Flammarion, 1966, p. 366.

possible, consiste plutôt dans un dispositif *intellectuel* voué à
annuler par avance le risque même de la rencontre. C'est bien
de la surprise de l'imprévu que souffre Rousseau, et c'est bien
contre cette surprise que prémunit le Dieu de la Profession de
foi : « à la première surprise je fus terrassé, et jamais je ne
serais revenu de l'abattement où me jeta ce genre imprévu de
malheurs si je ne m'étais ménagé d'avance des forces pour me
relever dans mes chutes »[1].

Cet aménagement réside précisément dans le développe-
ment spirituel et religieux de sa pensée. Il s'y agit de combattre
l'effet sur soi de « l'instabilité des choses de ce monde » en
absorbant le pathique dans « l'uniformité [d'un] mouvement
continu » – d'inverser la solitude par exclusion en une solitude
élective (être « le seul éclairé parmi les mortels »), qui est
divine. Dans la solitude de la rêverie, Rousseau s'efforce à
présent de ne jouir « de rien d'extérieur à soi, de rien sinon de
soi-même et de sa propre existence », de sorte qu'il « se suffit
à soi-même comme Dieu » ; il se soustrait au monde pour
demeurer tranquille au fond de l'abîme, « mais impassible
comme Dieu même ». Voilà les deux principaux attributs
du Dieu de Rousseau, l'auto-suffisance et l'impassibilité, par
lesquels l'auteur de la Profession de foi du vicaire savoyard,
confondant sa solitude avec celle de Dieu, ou plutôt confondant Dieu avec sa solitude, tente de se soustraire à la passibilité,
l'affectabilité catastrophique de la psychose.

C'est à condition d'une telle impassibilité, d'une telle
inversion du sens de la solitude, que l'unanimisme humain,
l'entente universelle néfaste et persécutrice prend la signification d'être un désordre, un chaos, une confusion, face au seul

1. R, p. 66.

ordre existant institué souverainement par Dieu dans la nature. La théodicée rousseauiste – qu'il vaudrait mieux dire une «ego-dicée», tant elle vise plutôt à établir l'innocence du promeneur solitaire – la théodicée rousseauiste se fige dans la formule suivante : «le concert règne entre les éléments et les hommes sont dans le chaos!»[1]. Et les mêmes termes qui servaient à décrire le «commun complot» désignent à présent l'harmonie du système du monde créée par Dieu : le «concert» et «l'unité d'intention».

La crise psychotique est exposition au chaos, à la béance du rien, par l'ouverture brusque et totale des possibles qu'opère la rencontre surprenante; un chaos que, dans son délire, le psychotique *cristallise* sous la forme d'une puissance ennemie, interprétant et personnalisant tout événement, toute nouveauté, dans le registre uniforme de l'hostile. C'est cette étape qui chez Rousseau est précisément surmontée par la Profession de foi. Le chaos d'abord cristallisé sous la forme du «commun complot», prend, dans une seconde cristallisation, et par une inversion de sens, l'aspect d'un ordre bienveillant du monde.

Nous avons évoqué, au tout début de notre premier chapitre, la manière dont pour Deleuze et Guattari, dans *L'Anti-Œdipe*, la crise psychotique, en rompant avec l'existence ordinaire, met à jour le conflit de deux régimes de synthèse opposés : le mélange passif et partiel des parties emboîtées, le mélange actif et total par compénétration. Ces deux régimes sont ici, chez Rousseau, deux régimes d'*ordre* : celui de la cristallisation première du chaos en hostilité, celui de sa seconde cristallisation en harmonie bienveillante. Ces deux régimes d'ordre

1. E, p. 362.

ou d'unanimité sont encore celui de la coalition haineuse et conflictuelle et celui de la communion pacifique. Le premier organise le multiple de façon grégaire (il est animosité d'une génération entière) et par emboîtements successifs de « corps collectifs »[1] (les médecins, les oratoriens, etc.). Le second unifie le multiple qualitativement; il est fluide; procède par « intime correspondance »[2], « secours mutuel », en plongeant les éléments qu'il compose dans une « infinité de rapports » qui forment alors pour le rêveur et contemplateur de l'harmonie naturelle « un mouvement uniforme et modéré qui n'ait ni secousses ni intervalles »[3]. On se reportera à la distinction faite par Rousseau dans le second Livre du *Contrat social* entre la volonté de tous, comme addition au sein d'un ensemble déterminé d'éléments particuliers, et la volonté générale, comme unité pure et vivante des différences infimes, pour comprendre en quelle mesure cette dichotomie des ordres opérée dans et par « l'étrange position » où se trouve Rousseau est importante aussi du point de vue de sa pensée politique et sociale. À la lumière de Maldiney, ces deux ordres sont les deux faces d'une même réponse pathologique à la crise existentielle (psychotique) qui définit en propre l'humain.

La fermeture maniaque de Rousseau à la possibilité même de l'inattendu, qui ferme la béance de l'inappropriable ouverte par la crise existentielle psychotique, est donc structurée par la polarité du schizophrénique et du paranoïaque, au sens deleuzo-guattarien, c'est-à-dire comme opposition de l'enveloppement universalisant par immersion dans le flux vital des

1. R, p. 39.
2. E, p. 357.
3. R, p. 103.

connexions transversales et du détachement singularisant qui a lieu par la répulsion du Tout. Mais les deux termes de cette opposition restent ici dans une parfaite extériorité mutuelle : Rousseau passe de l'un à l'autre par inversion ou renversement du sens de sa propre élection, c'est-à-dire de sa séparation et distinction au milieu de tout ; ils ne composent pas comme dans la station hystérique une Figure unique en laquelle la répulsion du singulier par l'universel et la fusion du singulier dans l'universel forment une seule et même mobilité, définissent l'auto-mouvement d'un seul et même être, d'une seule et même différence. Seule cette implication mutuelle de la singularisation et de l'universalisation, de l'enveloppement et du détachement, dans l'unité d'une même tension est à même de réaliser et de garantir l'ouverture au monde comme ouverture à l'Ouvert.

Ce qui, pour être précis, fait défaut à Rousseau, c'est *le rythme*, au sens que Maldiney donne à ce terme – le rythme, non pas comme cadence ou mesure, mais comme simultanéité de l'enveloppement et du détachement dans une même configuration. Or, le rythme, en ce sens, est caractéristique de la « station hystérique » que comporte pour Deleuze toute psychose. Ce qui manque à Rousseau dans la fermeture maniaque, c'est la psychose : le rythme parano-schizoïde de la psychose en laquelle s'éprouve en propre l'humain. Insistons : la transpassibilité n'est pas à proprement parler ce qui fait défaut dans la psychose ; elle est plus exactement la capacité de se tenir *dans la psychose*, de s'y tenir dans une station rythmique, et c'est cette capacité qui fait défaut dans la résolution maniaque ou schizophrène (au sens restreint) de la crise psychotique où s'éprouve la capacité de l'humain comme tel.

Chapitre V

LA FEMME SUR LE BOULEVARD
SAINT-MICHEL

Nous l'avons dit, Maldiney oppose la passibilité animale et la passibilité humaine. En 1991, dans *De la transpassibilité*, il comprend la première d'abord à partir de la conception heideggerienne de l'ouverture du vivant à son *Umwelt* en terme de *Trieb*, de pulsion (en un sens très différent bien sûr de ce que Fichte entendait selon lui par « pulsion »), puis plus longuement, en mobilisant Weizsäcker, à partir de la notion de *Gestalt* (structure), comme lieu – lui-même auto-mouvant – de la rencontre d'un organisme et de son *Umwelt* (milieu). Un lieu que dans *Le cycle de la structure* (*Der Gestaltkreis*) Weizsäcker désigne comme « moi »[1] – unissant ainsi dans l'identité biologique l'organisme et le milieu. Mais, peu importe ici que l'organisme soit pensé en terme de pulsion ou de *Gestalt*. Le caractère de la passibilité organique est, pour Maldiney, dans les deux cas – alors même qu'il y a en elle ouverture à-, propulsion vers-, ou genèse, transformation

---

1. V. von Weizsäcker, *Le cycle de la structure*, trad. fr. M. Foucault et D. Rocher, Paris, Desclée de Brouwer, 1958, p. 201.

constitutive, formation d'une forme de rencontre entre le vivant et son milieu et donc fondation perpétuelle – *appropriation à soi*. La propulsion du vivant est d'abord propulsion vers ce dont la capacité est capable, c'est-à-dire propulsion vers soi-même. Elle est, dit Maldiney, « essentiellement » appropriation à soi. La genèse d'une forme (comme forme de rencontre en formation) « ne fait [elle aussi] qu'un avec son appropriation »[1]. « Le vivant qui *se* veut », écrit Maldiney, « *se* meut selon lui-même. Il est auprès de soi ». Le *Trieb* (en son sens biologique), comme la *Gestalt*, échoue donc à fonder une rencontre qui soit « absolue de tout projet », libre de tout *a priori*, et qui contraigne à l'impossible, c'est-à-dire à un total devenir autre – à un devenir tel que je reçoive « mon propre visage » de l'événement rencontré hors de toute appropriation.

SUBJECTIVITÉ ANIMALE
ET TRANSCENDANCE PURE

Cette disqualification du biologique dans la compréhension de l'humain, de la dimension spécifique de son ouverture au monde, n'interdit toutefois pas la voie d'une philosophie de la *vie*. Nous l'avons vu à propos de Bataille : la station hystérique (dont nous venons précisément d'explorer la forme ex-tatique) consiste elle-même, pour autant qu'elle a à voir avec le sacrifice, dans une tentative pour rejoindre la vie – c'est-à-dire la continuité d'un monde sans objets. L'approche biologique du vivant et de l'animalité est bien loin d'épuiser la possibilité d'une philosophie de la vie. Dans un article paru en 2001 dans la revue *Alter* sous le titre

1. H. Maldiney, PHF, p. 370.

«Perception et pulsion» et repris en 2003 dans *Vie et intentionnalité*[1], Renaud Barbaras, prolongeant la conclusion de son ouvrage de 1999 sur *Le désir et la distance*[2], distingue ainsi deux philosophies de la vie diamétralement opposées. La première approche la vie à partir du vivant, comprend le dynamisme vital comme un processus d'auto-conservation et la pulsion en laquelle s'exprime ce dynamisme comme une charge ou une tension référée à un objet désinhibant – c'est-à-dire comme *besoin*. La seconde – dont se réclame Barbaras – approche, à l'inverse, le vivant à partir de la vie, comprend le dynamisme vital comme auto-réalisation, actualisation de *soi*, et caractérise la «pulsionnalité»[3], l'impulsivité qui est au cœur de la vie, comme *désir* – dans une perspective telle qu'il conviendrait même, pour Barbaras, de renoncer au terme de «pulsion» pour lui préférer celui d'«intentionnalité», de retirer à la pulsion (*Trieb*) son sens de «poussée» pour la comprendre comme ouverture d'une transcendance pure, comme pur accueil d'une transcendance qui n'est pas la transcendance d'un transcendant et au sein de laquelle l'apparition peut prendre place – c'est-à-dire très précisément ce que Maldiney comprend sous le concept de transpassibilité. Nous allons nous attarder un moment à commenter cette seconde philosophie de la vie pour autant qu'elle propose elle aussi une figure de la subjectivité hystérique sous l'aspect d'une subjectivité animale – c'est-à-dire, au fond, révèle cette dimension propre de l'ouverture (maldineysienne) au Rien dans la crise

1. R. Barbaras, *Vie et intentionnalité. Recherches phénoménologiques* (dorénavant cité V.I.), Paris, Vrin, 2003.

2. R. Barbaras, *Le désir et la distance. Introduction à une phénoménologie de la perception* (dorénavant cité D.D.), Paris, Vrin, 1999.

3. R. Barbaras, V.I., p. 196.

existentielle qui est de faire retour, dans l'ordre même de l'humanité, à l'animal.

À la philosophie qui appréhende la vie à partir d'une analyse de l'animalité à laquelle est d'emblée refusée le caractère de l'esprit – qui est, en s'ouvrant à la transcendance, d'avoir relation à un monde – Barbaras oppose une *philosophie du vivant* (c'est-à-dire du *sujet* vivant) que Bruce Bégout, dans un article consacré aux différentes approches possibles de l'idée d'une phénoménologie de la vie[1], a fort justement rapproché du projet formulé par Hans Jonas en introduction du *Phénomène de la vie* : «englober la philosophie de l'organisme et la philosophie de l'esprit»[2]. Chez Barbaras, le recours à la *Structure de l'organisme* de Goldstein, contre l'analyse de l'animalité proposée par Heidegger dans *Les concepts fondamentaux de la métaphysique*, s'autorise en effet d'une intention très claire : contester la coupure entre le vivant et l'humain, entre le *Leben* et le *Dasein*, l'animal et le spirituel, pour entreprendre d'éclairer l'humain à partir du vivant qu'il est, son exister spécifique à partir de sa vitalité, son existence spirituelle à partir de sa racine animale.

Seule importe cette visée : on ne saurait voir dans l'entreprise de Barbaras quelque chose comme une biologisation de l'humain, le projet d'une réduction du monde humain au monde de l'organisme. Tout au contraire, l'intérêt de cette entreprise est de penser aussi rigoureusement que possible en quelle mesure une philosophie de la vie, pour autant qu'elle

1. B. Bégout, « Le phénomène de la vie. Trois approches possibles d'une phénoménologie de la vie », dans J.-M. Vaysse (éd.), *Vie, monde, individuation*, Hildesheim, Olms, 2003.

2. H. Jonas, *Le phénomène de la vie. Vers une biologie philosophique*, trad. fr. D. Lories, Paris-Bruxelles, De Boeck Université, 2001, p. 13.

est une philosophie du vivant, peut être *une philosophie de l'esprit*. C'est dans cette perspective qu'il faut tenter de lire Barbaras : en mesurant la contribution apportée par sa « philosophie de la vie » à la philosophie de l'esprit.

La légitimité d'une telle perspective ressortira d'abord d'un bref examen de la démarche adoptée dans *Le désir et la distance*.

Récuser l'approche de la vie à partir du vivant au profit d'une approche du vivant à partir de la vie ne signifie pas, pour Barbaras, que l'on ne doive pas *commencer* par l'étude du vivant. Seules importent la nature et la portée de ce commencement. Barbaras ne reproche nullement à Heidegger de commencer par le vivant, mais de méconnaître le sens d'un tel commencement, et, en caractérisant d'emblée le vivant par la « poussée pulsionnelle » et l'auto-encerclement (que Barbaras comprend comme non ouvrant), de commencer en réalité par une vision commune du vivant commandée par une compréhension naïve de la vie encombrée de représentations spontanées.

L'étude du vivant (par quoi il faut bien commencer) doit, à l'inverse, pour Barbaras, revêtir le rôle d'une « sorte de réduction phénoménologique »[1] susceptible, par la mise entre parenthèse de fait de toute composante intellectuelle ou réflexive, de mettre en évidence dans l'expérience perceptive animale les principales caractéristiques du phénomène de la vie en et pour soi.

L'étude du vivant, en sa signification d'*épochè*, est donc le point de départ d'une démarche *transcendantale* qui, comme telle, interroge le sens d'être et la validité du monde sans en

1. R. Barbaras, D.D., p. 112.

présupposer l'objectivité, mais en le comprenant comme une formation constituée dans une *subjectivité*. Or – et c'est là l'originalité de Barbaras et le point où s'initie son apport à la philosophie de l'esprit –, cette subjectivité (transcendantale) est celle du vivant. C'est sur la nature de cette subjectivité que doit porter notre attention. Intramondaine, irréductible à une conscience indépendante du monde, mais actualisant la perceptibilité intrinsèque d'un monde omni-englobant, bref, échappant à la scission du subjectif et de l'objectif, cette subjectivité transcendantale « redéfinie »[1] – en laquelle il faut pourtant bien voir la subjectivité que ne peut manquer de mettre à jour une réduction radicale (c'est-à-dire rigoureusement pensée) – Barbaras la comprend, à la suite de Merleau-Ponty, comme un mouvement prospectif : non pas comme le *sujet* d'un mouvement, mais comme identique à la tension propre au mouvement par lequel le vivant, de l'intérieur du monde, interroge et suscite l'apparition du monde. Aussi cette subjectivité, comme la *Gestalt*, ou le « moi » biologique chez Weizsäcker, consiste t-elle elle-même en dernier ressort, plutôt que dans une réalité psychique séparée, dans le *rapport* même, voire le *couplage* qui unit l'un à l'autre le mouvement exploratoire autonome du vivant et l'autonomie du champ phénoménal.

On manquerait toutefois beaucoup à ne voir dans Barbaras que l'interprète et le continuateur minutieux de la phénoménologie merleau-pontienne. La philosophie de la vie qu'esquisse *Le désir et la distance* dit plus qu'un simple commentaire de Merleau-Ponty, et mérite elle-même un commentaire.

---

1. R. Barbaras, D.D., p. 115.

Que la réduction phénoménologique – inaugurale d'une authentique démarche transcendantale – doive nécessairement conduire à définir le sujet de l'apparaître originaire du monde comme infra-conscient, pré-réflexif, non-égoïque, etc., chacun l'accordera sans doute aisément. Que ce sujet soit identique au vivant – soit le sujet *animal* (au sens de ce qui est susceptible d'auto-mouvement) –, c'est là quelque chose de plus inattendu. Certes, Barbaras évoque la composante affective de l'intentionnalité prise en compte par Husserl à la fois dans certains textes antérieurs aux *Recherches logiques* et dans la perspective génétique des analyses consacrées à la synthèse passive au début des années 1920. Mais s'il le fait, c'est aussi pour souligner que la considération de cette dimension affective et pulsionnelle de l'intentionnalité aurait dû conduire à enraciner l'intentionnalité objectivante – à quoi Husserl restreint le transcendantal – dans la *facticité* irréductible du vivant : à reconnaître à la vie du vivant une authentique valeur *transcendantale*. La réduction transcendantale, comme reconduction au vivant, est réduction à un *fait transcendantal*. Ou si l'on veut : la subjectivité pré-consciente, pré-égoïque, vers laquelle s'oriente le procédé philosophique de la réduction transcendantale, est un fait – le fait même de la subjectivité vitale. Le point est important. Il signifie que la démarche proprement philosophique qui interroge les conditions mêmes de l'apparition en direction d'une expérience originaire – qui est aussi une expérience originaire de soi – s'oriente, en réalité, vers *l'expérience originaire animale de soi et du monde*.

Quels sont les caractères de cette subjectivité animale ? Dans la détermination des caractères du fait transcendantal qu'est cette subjectivité infra-consciente Barbaras use d'un vocabulaire qui ne laissera pas indifférent les amateurs de philosophie allemande classique, et ne manquera pas de leur suggérer qu'il est peut-être bien ici question de l'esprit – du moins de ce qu'il connaissent sous le nom de *Geist*.

La subjectivité originaire animale est « identité effective d'une ipséité et d'une extase »[1], accomplissement de soi dans une extériorisation et un déssaisissement de soi, « excès irréductible de sa puissance sur ses actes ».

Il faut d'abord insister sur cet excès, car c'est lui qui, pour Barbaras, constitue en propre le vivant. Il est « aspiration », « désir », et, dans un « pur débordement » plus profond que tout manque, excède les nécessités vitales elle-mêmes vers la totalité indéterminée du monde que spécifie toute perception déterminée – vers cette totalité qui ne saurait être jamais présente en aucune perception et que, par cet excès, le vivant, phénoménalise comme absente. Cette totalité, elle est pour Barbaras la totalité originaire, intotalisable, omni-englobante du monde entendu comme « le Tout de l'Être ». Le vivant est ainsi le sujet de l'apparaître (négatif) du Tout de l'Être. C'est d'abord vers cette totalité, ce fond d'où émerge par un découpage sélectif tout phénomène déterminé, que fait mouvement la subjectivité vitale; et c'est dans la mesure où elle fait mouvement vers ce fond et dépasse tout objet qu'elle est proprement *transcendantale* – c'est-à-dire, par sa « volubilité »[2] et son « inconstance » même, en passant insatisfaite d'un objet à un autre, conduit vers l'objet.

Cet élan vers le Tout, qui est aussi une faim insatiable d'être, est, faut-il encore préciser, *phénoménalisant* dans l'exacte mesure où à sa propre tension correspond la tension d'une apparition – au mouvement prospectif désirant un mou-

1. R. Barbaras, D.D., p. 116.
2. R. Barbaras, D.D., p. 118.

vement autonome de l'apparaître, un surgissement originaire du monde même, c'est-à-dire du fond. Avant de commenter directement ce point et pour pouvoir lui donner toute sa signification, il nous faut encore l'illustrer par un biais qui surprendra peut-être, mais n'en est pas moins éclairant.

LA PERSISTANCE D'UNE DISPARITION

La subjectivité animale est, pour Barbaras, le sujet de l'apparaître pour autant qu'en elle le désir infini désobjectivant – lui-même quête éperdue d'être – rencontre l'aspiration du monde à exister sous forme de phénomène (à se manifester). Or, cette perception *affective* est, très exactement, ce que Giacometti a cherché à réaliser dans sa sculpture comme dans son œuvre picturale. Les écrits et entretiens rassemblés par Michel Leiris et Jacques Dupin témoignent à l'envi de cette intention. Le procédé, le moyen de cette recherche, parce qu'il cherche à épouser la formation affective même de la vision, est toujours le même. Il existe un texte écrit vers 1933-1934, quasi programmatique, qui mérite d'être cité : « je ne veux m'engager dans rien »[1], écrit Giacometti, « tenir les mains toujours complétement libres dans l'air, n'entrer dans aucune écorce, ne toucher à rien du moins directement, que les choses viennent avec des pieds muets, d'elles-mêmes elles entrent sans que j'entende aucun éclat de porte qui s'ouvre et se ferme, aucune ligne droite, aucune blessure, je ne les toucherai pas ». Dessiner, sculpter dans l'intention de réaliser – de comprendre – la vision affective, c'est *ne pas* toucher, ne rien faire de ses mains pour que les choses viennent – c'est-

---

1. A. Giacometti, *Écrits*, Paris, Hermann, 2001, p. 161.

à-dire ne pas chercher à les faire apparaître, viser au-delà d'elles l'absence d'apparition, viser l'apparition comme absence, afin que viennent les choses. «Faire et défaire des têtes ou des figurines en terre qui n'aboutissent jamais»[1] parce qu'elles ne sont pas vues «finies», effacer du portrait les yeux «qui sont apparus tout seuls»[2], afin qu'à présent où l'on ne voit presque plus rien «les yeux [apparaissent] de nouveau tout de suite, mille fois plus beaux!».

Comment ne pas voir dans ce jeu avec l'apparaître le moyen de rejoindre la vie en son essentielle volubilité et inconstance? «L'apparition parfois, je crois que je vais l'attraper, et puis, je la reperds, et il faut recommencer... Alors c'est ça qui me fait courir, travailler», confie Giacometti à Pierre Schneider. Sculpter, et voir de cette vision affective, n'est pas identifier, mais perdre la ressemblance, ne plus reconnaître, réduire l'objet à une sorte de «mouvement transparent dans l'espace»[3]; car l'apparition de la figure (ou plutôt de la figurine) est solidaire de sa disparition: «si je veux copier comme je vois, ça disparaît» remarque Giacometti alors qu'il tente le portrait de son ami Isaku Yanaihara. À l'effacement pictural correspond l'amenuisement – en hauteur ou en largeur – de la sculpture. Là aussi l'apparaître est solidaire d'une soustraction. Mais cette solidarité se comprend encore mieux comme la dépendance étroite qui, dans la vision affective, désobjectivante, lie le phénomène réduit, isolé, une tête, un œil, une jambe, un verre, une femme sur le trottoir d'en face, à l'apparaître en retrait de la totalité. Presque obsession-

1. *Ibid.*, p. 201.
2. *Ibid.*, p. 260.
3. *Ibid.*, p. 284.

nellement sensible à la distance entre les objets – à cet « entre » qui ronge les objets en même temps qu'il les individue –, Giacometti note que si l'on est attentif à la distance entre une table et une chaise, « une pièce, n'importe laquelle, devient infiniment plus grande qu'avant »[1], d'une certaine manière « aussi vaste que le monde ». C'est cet espace « au-dessus et autour », « presque illimité », « l'immense noir »[2] au-dessus de la femme vue sur le boulevard Saint-Michel, que voit d'abord l'artiste, c'est vers ce fond que sa vision – comme son art – déborde et par lui qu'elle circonscrit tout objet fini : « tout à l'heure, j'ai vu un joli lac derrière vous, c'était un grand lac presque éblouissant sur lequel se reflétait la lumière du couchant »[3], confie Giacometti à son modèle ; « malheureusement il s'est éteint en un instant, mais il me faut peindre le fond transparent, lumineux, immense à l'infini, tel que je l'ai vu ». Réduire, soustraire et laisser paraître le fond illimité, immense, intotalisable, sont les deux opérations par lesquelles le peintre-sculpteur, à l'instar du phénoménologue de la vie rejoint la genèse même des phénomènes pour un sujet vivant.

Cette négativité à l'œuvre dans la vision, « la présence active du vide »[4], est, pour Jacques Dupin ce que ressassent mot à mot et ligne à ligne les écrits de Giacometti : « elle est l'acide qui ronge les corps des sculptures et la force ascensionnelle qui les fait jaillir du socle […], ce qui donne à chaque phrase écrite la tension, la respiration, la vigueur dubitative et le mouvement de son ouverture infinie ». Mais, il convient

1. *Ibid.*, p. 290.
2. *Ibid.*, p. 281.
3. *Ibid.*, p. 259.
4. J. Dupin, *Alberto Giacometti*, Paris, Farrago-Léo Scheer, 2002, p. 110.

aussi de souligner combien cette aspiration vers le vide – qui est, chez Giacometti, aspiration vers la Totalité – est liée à une violence. Le témoin du travail de création du sculpteur est saisi par cette violence : « la figurine que je regarde modeler », écrit Dupin, « me semble d'abord indifférente aux soins cruels que lui inflige le sculpteur. Pétrie par un toucher impérieux, violent, il semblerait qu'une si fragile apparition dût immanquablement retourner au chaos dont elle est sortie. Pourtant elle résiste. […] elle ne peut plus se passer bientôt de cette rude et injurieuse caresse. Son autonomie et son identité procèdent même d'un tel supplice, *à condition qu'il soit illimité*. Ce supplice qui la façonne et la dénude, qui la détache et la fortifie, elle l'appelle de tout son désir pour surgir irrésistiblement de son propre vide ». Le désir illimitant du sculpteur épousant la vision animale, motrice et pré-conceptuelle – puisque, pour Giacometti le concept est ce qui, *a contrario* de la réduction-soustraction pratiquée par la sculpture, corrige la vision affective en introduisant la « grandeur nature »[1] –, le désir illimitant et phénoménalisant du sculpteur rencontre le désir de la Figure même, qui semble venir au devant de son propre désir, et qui se structure comme désir d'apparaître dans l'érosion de sa forme par l'infini d'où elle émerge. Un singulier mouvement, une singulière torsion, identique à cet athlétisme que nous avons identifié comme celui de la station hystérique, et que réalise le troisième style de l'être pictural selon Maldiney (celui de l'articulation du rythme vital dans l'instant de l'apparition-disparition) : une individuation par une dissolution, une dissolution par une individuation.

---

1. A. Giacometti, *Écrits*, *op. cit.*, p. 282-283.

À la motricité vitale de la perception affective répond l'apparition d'une Figure en miroir, caractérisée par la même motricité paradoxale – allant au-delà de l'objectivité finie vers laquelle elle tend pourtant *précisément*. La Figure vient ainsi au devant du mouvement désirant du sujet vivant de l'apparaître. Mais, ce mouvement est pour lui-même – pour autant qu'il *se* voit dans le mouvement de l'apparition, est *vu* par l'apparition – lui-même une Figure, cette même Figure « athlétique » d'une individuation illimitée dans un évanouissement illimité. La *réversibilité* de la vision, du désir, est ici totale. Le mouvement perceptif originaire du vivant est aussi le mouvement du monde vers le vivant ; au sens où ce que vise ce mouvement, ce qu'il voit – et ce que, du coup, cherche à voir le sculpteur de la vision affective – c'est l'œil, la vue ou le regard du monde. Ce que Giacometti a précisément décrit comme l'évidemment grâce auquel est donné la totalité. Les deux mouvements – le mouvement subjectif et le mouvement du monde – présentent la même torsion ontologique unissant l'apparition à la disparition. Le sujet vivant, par son désir insatiable – le sculpteur, par son aspiration vers le fond illimité – suscite l'apparaître d'une apparition qui elle-même *regarde*, qui, affectée de la négativité même de l'œil, ne laisse rien paraître qu'à partir d'une béance, *par* une béance. Cette réversibilité – voir le monde par les yeux du monde, désirer par le désir du monde, être soulevé vers le monde par le soulèvement du monde – est, insistons, intimement liée à l'essence de l'apparaître originaire, qui est d'apparaître dans une disparition ; de sorte que la réduction philosophique ne saurait être proprement *phénoménologique* – reconduire à l'apparaître – que pour autant qu'elle reconduit à cette parfaite réversibilité du subjectif dans l'apparaître.

Cette Figure de la subjectivité « redéfinie », vitale, motrice, désirante, phénoménalisante, voyant par les yeux du monde, est certes, nous l'avons dit, pré-égoïque et pré-consciente, mais elle ne va pas sans un certain *ego*. Nous avons beaucoup insisté sur sa dimension extatique, sur l'excès vers le Tout qui la caractérise ; mais cette extase, rappellons-le, est aussi, pour Barbaras, *ipséité* – individuation, réalisation de soi. Il faut encore interroger le sens d'être *soi* de la subjectivité vitale – son sens d'être un soi, une certaine manière d'être soi.

S'il convient encore de dire que le sujet vivant de la perception affective est *privé* d'*ego*, ce ne peut être qu'au sens où Heidegger dit de l'animal qu'il est « privé » de monde – c'est-à-dire non pas dans la mesure où il en est dépourvu, mais dans la mesure où il n'a pas rapport à lui *en tant que* tel. Dire de la subjectivité vitale qu'elle est pré-consciente, ou infra-consciente, voire in-consciente, ne signifie pas qu'elle soit *sans* conscience, mais seulement qu'elle n'a pas rapport à soi *en tant que* conscience. À soi-même, elle a rapport dans l'image spéculaire de soi qu'est pour elle le monde appréhendé dans la réversibilité ; mais sans que ce rapport soit lui-même saisi *en tant que* tel. Tout est suspendu à cet « en tant que », à ce *als*, en lequel Fichte a reconnu le point d'appui de toute vie authentiquement consciente [1]. Quel est donc cet *ego* présent à soi en deçà de l'*en tant que*, c'est-à-dire en deçà de la réflexion qui le comprend comme tel ? Quelle est cette « conscience de soi » non réfléchie *en tant que* telle ? Ou bien : comment s'apparaît à soi-même le sujet vivant – dans un apparaître à soi

---

1. *Cf.* Fichte, *Die Wissenschaftslehre (1812)*, dans *Fichtes sämmtliche Werke*, Bd X, Berlin, Walter de Gruyter, 1971, p. 357.

(Fichte dit un *Sicherscheinen*) qui n'est pas un s'apparaître *en tant que* soi?

Nous aurons encore une fois recours au témoignage de Giacometti, auquel nous accordons que l'expérience de création esthétique peut exprimer une conception du monde « plus directe que la philosophie »[1]. Elle apprend en effet que la reconduction à cette dimension pré-réflexive et affective de la conscience, si elle éclaire bien la genèse des phénomènes, n'est toutefois pas sans occasionner un profond ébranlement. Ce qui accompagne la « réduction » artistique pratiquée par le sculpteur, c'est l'impossibilité de continuer de « croire à la réalité […] matérielle, absolue »[2], une indifférence généralisée : « j'ai la tête vide et confuse », note Giacometti en 1951[3], « je suis mou, endormi, flottant, indifférent presqu'à tout, je ne vois pas clair, rien, je passe mes jours et surtout mes nuits à travailler, ou plutôt à faire et à défaire des têtes ou des figurines en terre qui n'aboutissent jamais… ». La volubilité de la vie célébrée par le philosophe du vivant comme ouverture à l'apparaître du monde est ici échec, ratage. Précisons : le ratage « devient », en fin de compte, « le *positif* »[4] – la seule chose qui pousse encore Giacometti à se lever ou à aller manger pour pouvoir travailler. À part faire de la peinture ou de la sculpture, « qu'est-ce qui me reste [d'autre] à faire dans la vie? » se demande t-il. L'insatiable désir est aliénation : non pas ce qui encore donne sens à ce qui n'en a pas ou plus, mais le seul moyen, pour ainsi dire, de convoquer encore la présence :

1. A. Giacometti, *Écrits, op. cit.*, p. 129.
2. *Ibid.*, p. 290.
3. *Ibid.*, p. 201.
4. *Ibid.*, p. 284.

la convoquer dans la disparition, l'effacement de soi et du monde. Le sujet de l'apparaître en lequel est libéré le mouvement – Barbaras dit : le « proto-mouvement »[1] – de la totalité est le sujet même que Lacan, dans *Les quatre concepts fondamentaux de la psychanalyse*, a identifié comme le sujet de toute aliénation : celui qui ne « se manifeste que dans le mouvement de sa disparition »[2], dans son propre *fading*. C'est seulement à continuer de travailler, d'excéder toute finité vers le Rien, vers le vide, que Giacometti échappe à l'anéantissement total ; c'est à condition de transformer en *mouvement* de disparition sa propre nullité qu'il y échappe – à condition de disparaître qu'il échappe à la disparition.

Pour Giacometti, « la vie [est] étrange »[3], « quelque chose de rond, de vaste et illimité de tous les côtés ». Dans cet « espace sans limite », les personnages, les têtes « ne sont que mouvement continuel du dedans, du dehors, [...] se refont sans arrêt, [...] n'ont pas une vraie consistance, [...] sont une masse en mouvement, [...] [une] forme changeante et jamais tout à fait saisissable »[4]. « Et puis », poursuit Giacometti, « elles sont comme liées par un point intérieur qui nous regarde à travers les yeux et qui semble être leur réalité, une réalité sans mesure, dans un espace sans limite ». Une béance démesurée dans un espace illimité, telle est aussi la réalité des Figures qui naissent par le travail du dessinateur qui, dans ses portraits, s'efforce de « copier » l'œil. Mais cette réalité, la seule qui demeure pour celui qui ne peut plus croire à la réalité, – être un point de

1. R. Barbaras, D.D., p. 161.

2. J. Lacan, *Les quatre concepts fondamentaux de la psychanalyse*, Séminaire XI, Paris, Seuil, 1973, p. 232.

3. A. Giacometti, *Écrits*, *op. cit.*, p. 197.

4. *Ibid.*, p. 218.

béance au milieu du vide, une négation au cœur du néant – est aussi celle du sujet qui se découvre dans la vision phénoménalisante : « je ne sais plus qui je suis, où je suis, je ne me vois plus, je pense que mon visage doit apparaître comme une vague masse blanchâtre, faible, [...] [une] apparition incertaine », écrit Giacometti dans la même note, vers 1960. C'est ainsi que doit s'apparaître le sujet qui ne se réfléchit pas encore *en tant que* tel – c'est-à-dire en tant que non-étant. Car, comme l'a montré Fichte, c'est seulement par cette seule réflexion de soi en tant que non-étant que le non-étant quitte l'incertitude de sa propre apparition – c'est-à-dire transforme cette incertitude même en principe d'affirmation, de conviction et d'action éthique et politique. Parce qu'il ne réfléchit pas sa propre nullité, mais l'*est*, le sujet, ou le soi pré-égoïque, s'apparaît nécessairement comme une présence subsistante, résistante, alors que toute réalité est emportée dans son propre mouvement extatique vers l'infini. L'*ego* de la subjectivité vitale est une telle présence béante, ouverte sur la totalité absente, excédant toute présence finie, s'actualisant dans le mouvement même par lequel en elle et par elle tout vient à disparaître – y compris elle. Et sa subsistance ou résistance tient précisément dans la persistance de sa disparition.

LE SOULÈVEMENT DU FOND

En reconduisant, par l'étude du vivant, à cette subjectivité originaire, pré-égoïque – que réalise en sa vision et en son œuvre Giacometti – la philosophie de la vie accomplit ainsi un geste similaire à celui qu'a réalisé, d'après Derrida, Descartes au début des *Méditations métaphysiques*. Nous avons déjà évoqué la réponse que faisait Derrida à la mise en accusation de Descartes par Foucault dans son *Histoire de la folie* : il y a dans le *cogito* cartésien « une audace hyperbolique », qui est de faire retour vers un point originaire situé en deçà du couple que forment la raison et la déraison déterminées. L'audace de Descartes étant de mettre à jour l'extrême *lucidité*, l'absolu présence à soi d'une conscience éveillée au cœur même de cette indistinction du raisonnable et du fou.

Comment ne pas rapprocher l'extase du sujet vivant – telle que la pense Barbaras et telle que la vit, en sa vision, Giacometti – de l'extase du *cogito* cartésien ainsi compris ? Et comment ne pas rapprocher ces deux extases de la transpassibilité ex-tatique maldineysienne ? Car, penser et se trouver seul et pensant alors que le monde en sa totalité n'existe pas, que le non sens a tout envahi, c'est excéder la totalité du monde vers l'Infini ou le Rien, c'est-à-dire vers son fond non déterminé – et par cet excès ouvrir le monde. Nous l'avons vu, l'hyperbole, l'ouverture absolue, la dépense anéconomique est, chez Descartes, tout de suite reprise dans l'économie du langage, ou plutôt du vouloir-dire (qui n'est donc pas le langage poétique que laisse advenir la stance silencieuse dans l'impression originaire hölderlinienne). L'Ouvert est repris et refermé dans le langage par lequel le sujet tente de réchapper de la lucidité solitaire du *cogito*, de la stance interminable de la conscience et du moi dans l'indistinction de la raison et de la folie, et se protége de l'au-delà de l'être où conduit l'hyperbole-démonique. C'est en une telle saisie de la folie par le langage que consiste l'auto-réflexion du sujet non-étant *en tant que* tel – et c'est de cette saisie que, pour ainsi dire, se préserve le sculpteur qui veut, par son œuvre (par le ratage de son œuvre), provoquer l'ouverture du monde.

Cette compréhension de la profondeur originaire du vouloir comme volonté d'arrachement à la folie de l'excès de toute totalité déterminée vers le Rien ou l'Infini, elle est aussi celle de Fichte et se trouve clairement exposée chez lui, notamment, dans *La destination de l'homme*, où l'on peut lire une très exacte version du *cogito* hyperbolique-démonique : « nulle part je ne connais d'être, pas même mon propre être. Il n'y a pas d'être. *Moi-même*, je ne sais absolument rien et ne suis rien. *Les images* sont : elles sont la seule chose qui existe [...]; des images sans qu'il y ait rien de figuré, des images sans signification et sans but. Moi-même, je suis une de ces images [...]. Toute réalité se transforme en un rêve merveilleux, sans une vie qui serait rêvée et sans un esprit qui rêverait ; en un rêve qui se rapporte à un rêve de lui-même »[1]. Le « je pense » d'un tel *cogito* n'est pas encore un « j'existe » ; il est insistance de la conscience, mais sans « être », tout être étant dérobé, soustrait par le doute hyperbolique. Une insistance dans la disparition de tout être – qui est aussi présentification en son absence du Tout de l'Être –, dont on relévera qu'elle libère aussi le pur apparaître des images. Or, le seul moyen pour moi d'être, d'affirmer que « je suis » et qu'il existe un monde hors de moi, c'est-à-dire d'échapper à une telle indétermination (qui est indétermination du sujet et de l'objet, du spectacle et du spectateur – c'est-à-dire *réversibilité*), réside, pour Fichte, exclusivement dans la volonté, c'est-à-dire dans la faculté d'esquisser un concept de fin et de produire par une action réelle ce concept dans l'extériorité.

De même qu'Hölderlin – fidèle en cela à la leçon fichtéenne – affirme l'impossibilité (la destructivité) de l'immédiat (de ce qu'il appelle le Dieu immédiat) pour

---

1. Fichte, *La destination de l'homme*, trad. fr. J.-Ch. Goddard, Paris, GF-Flammarion, 1995, p. 147-148.

l'homme, et fait du non-mêlé, de l'opposition, la condition de la connaissance, Descartes fonde, on le sait, la connaissance dans l'intervalle, la distinction du monde, le *rapport*. Or, l'instance qui est à l'origine du rapport, qui préserve de l'impossibilité de l'immédiat – de sa foudre –, est le vouloir (le vouloir-dire le sans-rapport). Mais l'enseignement de Derrida est aussi qu'il faut s'être effrayé du non-rapport pour vouloir. Que tout vouloir rassure de la frayeur de l'indéterminé, c'est-à-dire de l'involontaire absolu. Que le vouloir subjectif, l'auto-affirmation de la volonté humaine, ne peut jamais émerger que comme un acte d'arrachement à- et de protection contre la folie de l'illimité.

Par là est justifié l'effort de la phénoménologie du vivant esquissée par Barbaras, qui est de se retenir d'interpréter l'intentionnalité pulsionnelle comme la «latence d'une volonté»[1] pour lui reconnaître son vrai caractère, qui est d'être «hétérogène à l'autonomie de la volonté». Il s'agit, en effet, par la réduction au vivant de se tenir en deçà de tout vouloir afin d'appréhender la subjectivité en laquelle l'apparition vient au jour uniquement comme *désir*. S'en tenir à l'involontaire absolu du désir, c'est aussi se tenir en deçà de l'écriture, de l'articulation d'un «dire». Les «écrits» de Giacometti confessent ce refus et cette impossibilité d'écrire pour qui c'est fixé cette intention, contraire à tout vouloir, de laisser naître les phénomènes par le regard du monde. Celui-là n'a «rien à écrire, rien à dire avec des lettres», mais seulement avec «des formes»[2]. «À dire? quoi? rien!»[3], note Giacometti en 1961.

1. R. Barbaras, D.D., p. 141.

2. A. Giacometti, *Écrits, op. cit.*, p. 181.

3. *Ibid.*, p. 219.

Et s'il lui arrive de vouloir écrire « des pages et des pages » (ce qu'il ne réalise jamais), c'est à condition de « les remplir de pierres, d'herbe, de forêts, de cieux, de mouvements des gens dans la rue, de voix, de maisons, de passé, d'aujourd'hui, de tableaux, de statues, de rivières et de vagues et de verres et de pots [...] »[1].

Mais cette station en deçà du vouloir-dire est, nous venons de le voir, station dans la folie pure, en laquelle Schelling, précisant les fortes intuitions des *Recherches philosophiques sur l'essence de la liberté humaine*, a justement reconnu, dans les *Conférences de Stuttgart*, « l'essence la plus profonde de l'esprit humain »[2], sa « base » concrète et effective, son « fond » obscur; non pas, donc, quelque chose qui « naît » (*entsteht*) – puisqu'elle a, pour ainsi dire, toujours été là –, mais ce qui « vient en avant » (*tritt hervor*), c'est-à-dire se manifeste, apparaît, « lorsque le proprement non-étant, c'est-à-dire le sans-entendement, s'actualise, lorsque ce non-étant veut être un être, un étant ».

Le soulèvement, dans la folie, de la folie qui est au fond de l'esprit (qui est son fond), et l'é-motion que suscite ce soulèvement, a lieu, pour Schelling, dans l'esprit pour autant qu'en lui la « faim d'Être » s'affirme comme désir ardent d'engendrement, comme désir insatiable d'Être, comme « désirement » (*Sucht*), et dans cette affirmation échappe totalement à la régularité idéale et lumineuse de l'entendement – qui ne saurait d'ailleurs lui-même être proprement actif que dans la

---

1. *Ibid.*, p. 191.

2. Schelling, *Conférences de Stuttgart (1810)* (dorénavant cité C.S.), trad. fr. J.-F. Courtine et E. Martineau, dans Schelling, *Œuvres métaphysiques*, Paris, Gallimard, 1980, p. 246.

mesure où il s'applique à ce fond, c'est-à-dire comme « folie réglée ». Mais, le fond, qui ainsi se soulève dans le désir, et donc dans cette folie, est en vérité l'élément « réel »[1], « vivant » mais obscur, qui est au fondement (*Grund*) de l'existence, « l'irrégularité initiale » qui, dans les choses, est « la base insaisissable de leur réalité », le « résidu irréductible » qui « ne se laisse jamais défaire et reconduire à l'entendement » – c'est-à-dire au verbe, dont la propriété est d'articuler, de lier, dans une consonnance (comme on lie entre elles les voyelles et les consonnes), la lumière et l'obscurité, le manifeste et le caché. C'est vers cette irrégularité, cette réalité primitivement inprononçable, sans mot, que l'on est reconduit dans la marche à l'originaire ; et c'est elle qui vient s'arracher à sa propre obscurité dans la folie du désir lui-même sans mot – du désir qui refuse de trouver dans l'entendement son mot, puisque l'entendement est, pour Schelling, « le mot du désir ».

Or, il est très remarquable que Barbaras, citant Patočka, attribue à la subjectivité vitale désirante, qui constitue le principal objet de sa recherche, le mérite de cristalliser en apparition le mouvement plus originaire par lequel le monde opère sa « sortie hors du fondement obscur »[2]. L'idée d'une telle sortie hors du *Grund*, ne peut aller bien sûr sans présupposer la distinction du fondement et de l'existence[3], et paraît bien, à cet égard, un héritage de la métaphysique schellingienne. Mais, il y a entre la philosophie du vivant de Barbaras et la découverte schellingienne une intimité plus grande que

---

1. *Cf.* Schelling, *Recherches philosophiques sur l'essence de la liberté humaine* (dorénavant cité Recherches), dans *Œuvres métaphysiques*, *op. cit.*, p. 142-143.
2. R. Barbaras, D.D., p. 161.
3. Schelling, Recherches, p. 143.

celle que pourrait créer une simple filiation. Il y a chez Barbaras
une saine défiance à l'égard de l'idéalisme abstrait qui conduit,
non pas à se détourner du spirituel, mais à l'appréhender à
travers ce que Schelling appelle, dans les *Recherches*, un
« réalisme vivant ». C'est cette défiance et ce même réalisme
en acte qui conduisent Giacometti à saisir dans « la tête du
personnage le plus flou, le plus mou, en état déficient », pour
autant qu'il la peint ou la sculpte – c'est-à-dire lui applique
la violence d'une réduction –, « une forme tendue, […]
une espèce de noyau de violence » – la violence qui tient « au
fait même qu'il puisse exister […], qu'il n'est pas broyé,
écrasé »[1]. Cette violence du pouvant-être est précisément ce
que Schelling comprend sous la première « puissance »,
qui dans l'esprit humain est *Gemüth*, affect (principe obscur
de l'esprit), et, sous l'exposant de l'esprit même, désir
(*Begierde*). Le réalisme vivant, qu'il faut attribuer à Barbaras,
prend ainsi le sens d'une marche vers ce qu'il y a dans l'esprit
d'irréductiblement obscur et qui aspire, du fond de son
obscurité, à se manifester. La philosophie de la vie du *Désir et
la distance* est alors une doctrine du sujet de cette obscurité, du
sujet de *l'inconscient* – que Barbaras comprend comme
« monde », Schelling comme « nature », mais qui dans les deux
cas désigne ce soulèvement du fond obscur de l'existence dans
le désir. Elle donne sens à la remarque schellingienne selon
laquelle « qui veut saisir le concept de l'esprit en sa plus
profonde racine doit d'abord s'initier comme il faut à l'essence
du *désir* (*Begierde*). [Car, c'est par là seulement] que l'on
aperçoit bien ce qu'il y a d'inextinguible dans l'esprit »[2].

---

1. A. Giacometti, *Écrits*, *op. cit.*, p. 245.
2. Schelling, C.S., p. 242-243.

Opérer spéculativement, contre l'idéalisme abstrait et le réalisme naïf, par l'étude du vivant, un retour vers cette racine obscure de l'esprit humain qu'est le désir, c'est aussi – dans la mesure où ce désir est également celui du fond en son aspiration à exister – faire retour vers ce que Jean-François Marquet a, en 1973, dans *Liberté et existence*, défini comme « la splendeur barbare et monstrueuse »[1] d'une création antérieure à celle qui a lieu par la lumière du verbe. Là est l'apport exact de Barbaras : dans la compréhension que la folie en laquelle la vie spirituelle trouve sa racine est une propriété factuelle du vivant, qui ne cesse d'agir en l'homme, en sa vision affective, et que l'art doit libérer s'il veut créer du mouvement même par lequel les choses apparaissent en cette création primitive et merveilleuse qui excède la possibilité du verbe.

L'ONTOLOGIE DU REFOULEMENT

En traitant de la faculté qu'à la station hystérique d'ouvrir dans l'attente pure l'espace d'une rencontre inappropriable, nous avons donc été conduits à parler de cette autre faculté que nous lui avons déjà reconnue plus haut : celle de « fonder l'espace en ex-istant », de faire *fond* sur lui et donc de le refouler en arrière de son ex-ister, en arrière de sa surrection, comme le fond qu'elle *quitte* et qui la *reprend* – c'est-à-dire, sa faculté de pratiquer, dans le refoulement, une fondation radicale. Une faculté qui peut donc être dite la faculté *métaphysique* de la station hystérique, c'est-à-dire sa faculté de

---

1. J.-F. Marquet, *Liberté et existence. Étude sur la formation de la philosophie de Schelling*, Paris, Le Cerf, 2006, p. 425.

purement et simplement ouvrir la dimension propre d'une pensée métaphysique.

Pour traiter de cette puissance propre à la station hystérique, et mettre au jour, à partir de ce processus de refoulement du fond, la structure ontologique de la station hystérique, nous partirons de l'article publié par Freud en 1919 sous le titre «*Das Unheimliche*» (traduit en français, faute de mieux, par *L'inquiétante étrangeté*). Nous serons surtout attentifs au fait qu'en ce texte Freud rencontre fortuitement Schelling à l'occasion d'une citation du philosophe retenue par le *Wörterbuch der Deutschen Sprache* (1860) de Daniel Sanders comme fournissant une définition de l'*Unheimliche* propre à faire ressortir sa singulière coïncidence avec son anto-nyme l'*Heimliche* : «on qualifie de *un-heimlich* tout ce qui devrait rester... dans le secret, dans l'ombre, et qui en est sorti»[1]. Au second sens du terme relevé par Sanders, l'*Heimliche* est en effet ce qui demeure retiré dans le secret de l'ombre, contracté et réfugié en soi; c'est-à-dire cela même qui dans la définition schellingienne de l'*Un-heimliche* vient maintenant à la lumière, se diffuse et se déploie au dehors. Contrairement à ce qu'aurait pu laisser croire le premier sens du mot «*heimlich*», son sens le plus courant, celui de «familier», d'«intime», l'*Un-heimliche*, l'*in-familier*, l'*in-intime*, n'est donc pas la *négation* de l'intime, le *non*-familier, mais la négation du secret qui dissimule l'intime, l'irruption du familier même, pour ainsi dire en personne, hors du refuge où il aurait du demeurer. L'*Unheimlichkeit* étant alors le singulier sentiment d'angoisse provoqué par cette étrange

---

1. *Cf.* Freud, *L'inquiétante étrangeté et autre essais*, trad. fr. B. Féron, Paris, Folio-Gallimard, 1985, p. 221.

intrusion ou plutôt *ex*-trusion de l'intime, qui paraît ainsi un véritable *intrus* dans le dehors où il apparaît.

C'est alors pour Freud «la mise en relation avec le refoulement [qui] éclaire [...] la définition de Schelling selon laquelle l'*Unheimliche* serait quelque chose qui aurait dû rester dans l'ombre et qui en est sorti». La nature secrète (*geheim*) de l'*Unheimliche* est ce qui rend compréhensible «que l'usage linguistique fasse passer l'*Heimliche* en son contraire, l'*Unheimliche*, puisque cet *Unheimliche* n'est en réalité rien de nouveau ou d'étranger, mais quelque chose qui est pour la vie psychique familier de tous temps, et qui ne lui est devenu étranger que par le processus du refoulement». Ce qui, ainsi, fait retour dans l'*Unheimliche* ce sont pour Freud «des motions de désir refoulées et des modes de pensée dépassés de notre préhistoire individuelle et des temps originaires des peuples». Cette dimension archaïque, ce caractère de tension et d'é-motion primordiale, qui définit en propre l'*Un-heimliche* en sa procession hors de l'ombre où il aurait du rester refoulé, sont également mis en avant par Schelling.

Nous l'avons dit : ce qui se soulève et vient en avant dans l'*Un-heimliche*, c'est aussi pour le Schelling des *Recherches philosophiques sur l'essence de la liberté humaine* et des *Conférences de Stuttgart*, «l'essence la plus profonde de l'esprit humain», sa «base» concrète et effective, son «fond» (*Grund*) obscur de folie. Un soulèvement qui a lieu dans l'esprit pour autant qu'en lui, qui est non-étant, la «faim d'Être» s'affirme comme désir insatiable, comme *Sucht*, et échappe totalement à la régularité idéale de l'entendement. Dans le cours qu'il a consacré en 1936 aux *Recherches sur la liberté humaine*, Heidegger a remarquablement mis en valeur la vraie nature de ce *Sucht* qui surgit dans le décellement de ce qui aurait du rester caché et qui est sorti : «le terme *Sucht*», écrit-il, «qui n'a rien à voir étymologiquement avec le verbe *suchen* (chercher), signifie originellement – et aujourd'hui encore – la maladie, l'épidémie qui tend à se propager; *siech* = le mal, c'est-à-dire ce qui mine et qui met à mal; *Seuche* = l'épidémie, la peste»[1]. Il n'y a, en effet, pour le Schelling des *Recherches*, jamais de maladie générale «sans que se déploient les forces retirées au fond: la maladie se déclare lorsque s'actue lui-même le principe irritable qui devrait régner dans le calme des profondeurs», lorsque, ainsi excité, il «abandonne son tranquille séjour au centre et gagne la circon-férence»[2]. Ce qu'illustre ainsi la maladie, c'est bien la *posi-tivité* du mal, le caractère éminemment positif de son principe. Car si «la maladie n'est rien en son essence», n'est qu'une «manifestation météorique», elle ne s'en présente pas moins comme «quelque chose de très réel; et il en va de même du mal». Le mal ne saurait en effet se réduire pour le penseur du refoulement et du retour du refoulé à quelque chose de simple-ment *passif*, à la *limitation*, au *manque* ou à la *privation*, «tous concepts qui contredisent entièrement à la véritable nature du mal»: il a plutôt son fondement dans «ce que la nature contient de suprêmement positif», à savoir dans la volonté originaire du fond obscur, qui est au principe de son insurrection et par quoi il devient manifeste.

Cette compréhension de l'origine du mal à partir de l'idée d'un refoulement originaire et d'un devenir manifeste de ce qui est ainsi originairement refoulé – de ce qui, nous allons

1. Heidegger, *Schelling. Le traité de 1809 sur l'essence de la liberté humaine* (dorénavant cité Sch.), trad. fr. J.-F. Courtine, Paris, Gallimard, 1977, p. 216.

2. Schelling, Recherches, p. 152.

le voir, est formé *dans* le refoulement – est ce qui confère au mal une positivité telle qu'elle autorise Schelling à disputer à Fichte l'héritage de la doctrine kantienne du mal radical et à rejeter sans appel la conception du mal comme *inertie*, ou *paresse* originaire à l'égard de la réflexion, telle qu'elle fut défendue par Fichte en 1796 dans *Le système de l'éthique selon les principes de la doctrine de la science*. Un rejet qui exprime la profonde fracture qui oppose les deux auteurs, et probablement, au-delà d'eux, deux manières de penser – c'est-à-dire d'être – radicalement distinctes. Au « philanthropisme dominant »[1], qui aurait été aussi celui de Fichte, Schelling oppose en effet la doctrine de l'éveil universel du mal provoqué par la « réaction du fond », pour autant que depuis cet éveil « l'homme s'est saisi de toute éternité dans l'égoïsme et l'amour de soi », et que « tous ceux qui naissent depuis lors naissent en apportant avec eux l'obscur principe du mal ». Le plus remarquable est ici que si Schelling crédite Fichte d'avoir bien conçu « en philosophie spéculative » l'idée d'un « acte transcendantal » déterminant l'être de l'homme en son tout, il lui reproche cependant d'être « retombé » « en morale » dans le philanthropisme : comme si l'acte transcendantal engageait lui-même originairement et nécessairement l'homme dans le mal, portait nécessairement avec soi l'*Un-heimliche* au dehors, libérait toujours cette angoissante extériorité intime ou, pour reprendre une formule bien venue de Lacan, cette inquiétante « extimité »[2] de ce qui aurait du rester caché dans le fond obscur. Comme s'il avait fallu à Fichte manquer la

1. Schelling, Recherches, p. 172.

2. J. Lacan, *Le séminaire*, livre VII, *L'éthique de la psychanalyse*, Paris, Seuil, 1986, p. 167.

vraie nature de sa découverte d'un acte transcendantal instituteur du moi et du monde, pour professer, en morale, un
optimisme philanthropique.

De sorte que la ligne de fracture existant entre les deux
philosophes sépare en réalité et plus précisément deux
manières de concevoir ce même acte transcendantal primitif,
dont Schelling dit qu'il est « contracté dès la naissance » –
c'est-à-dire est *identique* à la venue au jour, à la naissance
même, ou à l'existence dans la mesure où elle est elle-même
une telle venue. Compris à travers l'image du refoulement
cet acte transcendantal primitif – la naissance au monde et
du monde – sera foncièrement malheureux, et le bien, ou le
bonheur, ne pourra guère plus consister que dans la manière
d'accommoder ou d'articuler ce malheur premier. C'est
pourquoi Fichte, pour concevoir le mal comme *inertie*, aura
en réalité mobilisé une toute autre compréhension de l'acte
transcendantal, ou de la naissance, que Schelling : une
compréhension libérée de l'image du refoulement et de
l'ontologie qui s'y rattache, une compréhension en laquelle cet
acte apparaît comme originellement et foncièrement *heureux*
– comme identique au bonheur même.

Parce qu'elle engage en profondeur la compréhension de
l'acte transcendantal, c'est-à-dire de l'acte d'être, la doctrine
schellingienne du mal enveloppe une thèse sur l'être. Cette
ontologie, étroitement attachée à la station hystérique du sujet
dans le désir ek-statique, peut être appelée une « ontologie
du refoulement ». Pour le comprendre, on sera attentif au
commentaire précis donné par Heidegger de la théorie de l'être
propre aux *Recherches sur la liberté humaine de Schelling*.
Par « être » (*Wesen*), précise Heidegger, Schelling entend « un

étant singulier se tenant en soi-même et formant un tout »[1],
au sens où nous parlons d'un « être-vivant », d'un « être-
pensant », etc. Or, en tout être, ainsi défini, et donc au premier
chef en l'homme, il faut pour Schelling, dit Heidegger, distinguer entre son « fondement » et son « existence ». Le fondement n'étant pas compris comme « raison », *ratio*, mais comme
ce « fond » (*Grund*), ce sous-bassement dont nous venons de
parler, tandis que l'existence est, non pas subsistance, mais un
acte de sortie ou de procession hors de soi et d'auto-révélation,
de manifestation à soi dans cette sortie au dehors de soi. Tout
être singulier n'existant et ne devenant lui-même, c'est-à-dire
un « moi » ou un « soi », qu'à condition de refouler en arrière
du mouvement propre de l'existence un fond obscur d'où
il sort pour s'apparaître à soi au grand jour, et qui n'est pas
lui-même – ou plus exactement qui est en lui-même ce qui
n'*est* pas lui-même (déjà très précisément cette *familiarité
étrangère* de l'*Un-heimliche* qui menace dans le fond). Cette
distinction du fond et de l'existence, ajoute Heidegger, constitue selon Schelling « l'ajointement fondamental » de l'être, la
Seinsfuge – c'est-à-dire ce qui joint l'être, l'unit en un être se
tenant en soi-même et formant un tout.

Le commentaire d'Heidegger précise ce point, qui est pour
nous ici décisif : le fond et l'existence ne sont pas deux pièces
constitutives à partir desquelles l'être pourrait être composé ;
l'ajointement des deux, constitutif de l'être, est plutôt « co-
appartenance »[2], conjonction du disjoint. Leur distinction
n'est pas « une distinction pure et simple, c'est au contraire une
distinction « identique » dans laquelle chaque terme est en lui-

1. Heidegger, Sch., p. 186-187.
2. *Ibid.*, p. 191.

même rapporté à l'autre ». L'être ne peut être soi (*ipse*), être un sujet ou un « moi », c'est-à-dire proprement exister, sans poser et s'opposer le fond obscur qui lui est sous-jacent : en s'arrachant au fond, l'existence ne l'abandonne pas, ne l'anéantit pas, mais au contraire le présuppose constamment. L'existence ne va pas sans le fond. Mais le fond ne va pas non plus sans l'existence : c'est du fait même de l'acte transcendantal ou existentiel de sortie hors de soi de l'être, que le fond est refoulé en arrière de l'existence ; « seul ce qui existe permet au fond d'être son fond »[1], en faisant fond sur lui. Le fond est ce dont provient l'existence, mais qu'elle pose dans la mesure même où elle s'en détache. Il y a là un cercle en lequel ce qui est produit produit aussi bien ce dont il est le produit. Le refoulement originaire est également, *comme tel*, la pro-cession du refoulé. Il n'y a, insiste Heidegger, entre le fond et l'existence, pas d'« avant » ou d'« après », mais une pure coïncidence temporelle – cette coïncidence de la « temporalité authentique » en laquelle le passé et le futur, l'avoir-été du fond dans l'existence et l'être-à-venir de l'existence dans le fond, « se rejoignent co-originellement à l'être-présent », c'est-à-dire *d'emblée*, d'un seul et même coup (*Schlag*). De sorte que ce qui précède (le fondement) n'est pas le premier, qui est aussi bien l'ultérieur (l'existence).

C'est ce cercle et cette contemporanéité du fond et de l'existence qui permet d'éclairer au mieux le sens de ce que nous avons appelé « l'ontologie du refoulement » – le sens de cette doctrine de l'être selon laquelle l'être singulier, l'étant, s'apparaît à soi-même *ipse*, comme sujet, uniquement à condition de refouler dans l'obscurité menaçante de son origine la

1. *Ibid.*, p. 196.

part innommable de son propre être qu'il n'est pas; c'est-
à-dire selon laquelle le sujet naît d'emblée exposé à l'angoisse
qui s'entretient de la présence au cœur de l'existence de cet
être obscur, qui à la fois porte et constamment reprend ce
qui en procède. C'est cette contemporanéité du fond et de
l'existence qui rend compte de ce que, dans cette ontologie du
refoulement, le refoulé ne fait pas éventuellement « retour »
après avoir été refoulé, mais fait *d'emblée* « retour » dans le
présent du refoulement. La détermination du fond, commente
Heidegger, est saisissable, en son rapport réciproque avec
l'existence, comme une « contraction »[1], il est alors ce qui en
cette contraction se retire et attire (la gravité); l'existence, à
l'inverse, est analogiquement saisissable comme « ce qui se
déploie et se diffuse » (la lumière et le lumineux). La thèse
de l'ajointement de l'être comme conjonction du fond et de
l'existence signifie alors que la structure ontologique de tout
étant, et au premier chef de l'homme, réside non pas dans la
succession, mais dans l'ajointement *instantané* de deux mobi-
lités : celle de l'attraction, de la reprise par le fond de ce qui en
procède par dilatation; celle de la diffusion, de la dilatation
hors du fond de ce qui dans le fond demeure contracté. Le
refoulement est en lui-même à la fois contraction *et* dilatation,
retrait *et* expansion, obscurcissement *et* éclaircissement. C'est
pourquoi Heidegger reconnaît dans le désirement par quoi le
fond vient aussi bien à se soulever dans son refoulement, et qui
est au principe du mal, « une mobilité *ad-versée* : la tendance à
sortir de soi pour se propager au-dehors, mais aussi la tendance
à revenir en arrière et à rentrer en soi-même »[2]. Le « principe

1. *Ibid.*, p. 199.
2. *Ibid.*, p. 216.

ipséique »[1] qu'est le fond en son soulèvement dans le désir, est ainsi, en raison même de cette double mobilité, « une tension qui ne peut jamais accéder à une configuration stable », et qui, comme telle, « ne peut jamais que pressentir l'être-soi, la séité » – qui, privée de la lumière de l'entendement, reste « sans nom », « ne connaît aucun nom et ne sait pas nommer ce vers quoi [elle] tend »[2]. Parce qu'il est structuré par le refoulement du fond, c'est dans cette station athlétique et instable du simultanément contracté et dilaté que se tient ainsi originairement l'être qui se tient en soi-même. C'est dans cette station, qu'on aura aisément reconnue comme la station de l'être pictural commandée par le Rythme maldineysien, que le sujet vient au monde, pour Schelling.

ALIÉNATION ET *APHANISIS*

On peut s'expliquer par là le lien établi par Freud dans *L'inquiétante étrangeté* entre le refoulement et la compulsion de répétition. Freud y raconte comment flânant par un chaud après-midi d'été dans une ville italienne, il se trouva malgré lui plusieurs fois ramené au quartier des prostituées. La remarque selon laquelle son « éloignement hâtif eut pour seul effet de [l']y reconduire »[3] n'est pas anodine : le refoulement est en lui-même caractérisé par cette double mobilité. L'illustration par l'anecdote de la reconduction non-intentionnelle aux « femmes fardées » n'est pas non plus anodine. Rappelons

---

1. Schelling, Recherches, p. 157.
2. Heidegger, Sch., p. 217.
3. Freud, *op. cit.*, p. 239-240.

simplement la mention que fait Freud du «mot plaisant» d'après lequel «l'amour est le mal du pays (*Heimweh*)» : ce familier, cet *Heimliche*, vers lequel Freud est malgré lui reconduit en Italie, et qui se présente dans le refoulement comme *unheimlich*, est bien le fond de toute naissance, «l'entrée de l'antique terre natale (*Heimat*) du petit d'homme» – le sexe de la mère. C'est à Lacan que revient le mérite d'avoir mis en rapport cette angoisse du sexe féminin avec ce que Heidegger conçoit, dans son *Schelling*, comme la démarche fondamentale «constitutive de la métaphysique elle-même»[1], qui est de «radicaliser la fondation». Dans le *Séminaire II*, Lacan propose une définition du «réel» qui tient à la fois de l'analyse freudienne de l'*unheimlich* et de la pensée schellingiano-heideggerienne du fond comme ce qui se retire en se manifestant dans l'étant. Il évoque le «surgissement de cette image terrifiante, angoissante, de cette vraie tête de Méduse, [la] révélation de ce quelque chose d'à proprement parler innommable, le fond de cette gorge, à la forme complexe, insituable, qui en fait aussi bien l'objet primitif par excellence, l'abîme de l'organe féminin d'où sort toute vie, que le gouffre de la bouche où tout est englouti, et aussi bien l'image de la mort où tout vient se terminer»[2]. Cette image angoissante, en laquelle on reconnaît la structure du refoulement comme *arrachement* du fond et *attraction* par le fond, résume pour lui «ce que nous pouvons appeler la révélation du réel dans ce qu'il a de moins pénétrable, du réel sans aucune médiation possible, du réel dernier, de l'objet essentiel qui n'est plus un objet, mais ce

---

1. Heidegger, Sch., p. 192.

2. J. Lacan, *Le séminaire*, livre II, *Le moi dans la théorie de Freud et dans la technique de la psychanalyse*, Paris, Seuil, 1980, p. 196.

quelque chose devant quoi tous les mots s'arrêtent et toutes les catégories échouent, l'objet d'angoisse par excellence ». Le « réel » chez Lacan étant ainsi assimilable au « fond » schellingien pour autant que celui-ci est lui-même le « Réal »[1] ajointé à l'« Idéal » – la « Nature » ajointée à l'« Esprit », l'« Être » ajointé à l'« Étant ».

En 1964, dans le séminaire sur *Les quatre concepts fondamentaux de la psychanalyse*, Lacan évoque le processus par lequel « le monde est frappé d'une présomption d'idéalisation »[2] et par lequel le mode de notre présence au monde devient celui du sujet certain de lui-même. Tellement certain de lui qu'« à force » de se réduire à cette certitude, il devient lui-même pouvoir de néantisation, de « néantisation active ». De sorte que l'on obtient, d'un côté, un monde évanoui, totalement approprié au sujet et par lui, de l'autre, la subsistance d'un sujet certain de soi et néantisant. Or, le fondement de cette idéalisation et de cette néantisation active se trouve, pour Lacan, dans une illusion essentielle à la conscience : celle du « *je me vois me voir* ». C'est cette illusion qui domine pour lui les philosophies idéalistes depuis Descartes et Berkeley, et jusque chez Sartre, dont l'ontologie phénoménologique est bien sûr ici visée. Or, note Lacan, cette illusion est « heureuse ». Comme toute illusion, elle protège ; et ce dont elle protège, c'est de la défaillance essentielle du sujet lui-même, de son propre « trait évanouissant », de son caractère même d'être un « point d'être évanouissant ». Elle le protège de sa propre néantisation en trouvant à symboliser celle-ci par

1. Heidegger, Sch., p. 194.

2. J. Lacan, *Le séminaire*, livre XI, *Les quatre concepts fondamentaux de la psychanalyse*, Paris, Seuil, 1973, p. 94

l'immanence du *se voir se voir* et la certitude de soi qui en résulte.

Ce que cette illusion dissimule encore « heureusement », pour Lacan, c'est que le sujet n'est pas le point originel de la vision. Car ce point, il surgit, par détachement, de ce que Merleau-Ponty a appelé « la chair du monde » et que Lacan comprend comme « regard »[1] – comme le fait d'être regardé. C'est ce regard, cet *être-regardé* originel, que dissimule l'illusion de la conscience. Ce qu'elle dissimule, c'est que le sujet s'institue comme sujet voyant seulement d'être regardé, seulement par sa dépendance au « regard ». Or, ce regard est *néantisant*: c'est en néantisant le sujet vu en lui qu'il le fait émerger comme vision. La vérité « heureusement » dissimulée par l'illusion de la conscience est ainsi que le sujet ne peut exister qu'anéanti dans sa dépendance au « regard ». Un regard, qui n'est bien sûr pas le regard d'autrui, le regard d'un autre sujet, mais un regard pour ainsi dire *absolu*, certes subjectivant, mais lui-même a-subjectif; un regard dans la dépendance duquel je me trouve, mais qui demeure inobjectivable – qui ne cesse de se retirer, de me regarder dans et par son retrait même; qui est le regard propre au retrait de ce qui essentiellement se retire. Ce regard *létal*, à partir duquel et dans la dépendance duquel naît à soi le sujet, c'est en effet le regard du « réel » même, ou du « fond » – celui du monde en tant qu'il est à lui-même son propre fond, en tant qu'il ne cesse de reprendre en soi ce qui s'origine en lui par détachement de lui. C'est d'être regardé par le fond – c'est-à-dire du point de vue de la *phusis* ou, ce qui revient au même, de la mort, de la mort matricielle – que le sujet tient sa propre possibilité,

1. *Ibid.*, p. 96.

comme la possibilité d'avoir rapport à un monde. Cette manifestation de soi « dans le mouvement de sa disparition »[1], dans son propre *fading*, que Lacan identifie avec la structure même dans laquelle naît tout sujet, voilà ce qu'occulte l'idéalisme. Voilà aussi ce qu'une certaine phénoménologie, d'essence schellingienne, également inspirée par Cézanne, reconnaît comme principe d'une ouverture et d'une présence poétique au monde, minimisant par ailleurs la dimension proprement meurtrière de cette ouverture – c'est-à-dire la stricte identité qui existe entre la présence poétique (Hölderlin, Maldiney) et la station hystérique de la victime sacrée dans le meurtre originel (Nietzsche, Artaud). C'est à établir la violence de cette ouverture, la violence qui la soutient et qu'elle enveloppe, que nous nous sommes consacrés. Il nous reste, pour finir, à suggérer quelle peut être la signification historique et anthropologique de cette violence, comme de sa minimisation.

1. *Ibid.*, p. 232.

MARILYN-ZAGREUS

En 1972, dans le dernier chapitre de la *Violence et le sacré*, René Girard prévient que les phénomènes les plus essentiels de toute culture humaine continueront d'échapper à la pensée moderne tant qu'elle ne comprendra pas le caractère *opératoire* du bouc émissaire et de ses succédanés sacrificiels, c'est-à-dire leur caractère de *processus réel*. Cet avertissement est des plus importants. Il porte en lui la promesse d'une terrible lucidité.

Il est remarquable qu'il soit presque immédiatement suivi d'une évocation du cannibalisme et du regret que celui-ci n'ait encore, à l'instar de l'inceste, trouvé son Freud et été élevé, malgré les efforts du cinéma contemporain, au rang de mythe majeur de la modernité. Le jugement est peut-être sévère et il n'est pas certain que le cinéma n'ait pas réussi à élever le mythe cannibale, ou, pour être plus précis, le mythe du dépeçage omophage, au rang d'un mythe mondial. Il se pourrait même que ce soit le caractère central de ce mythe dans la production cinématographique d'après guerre, c'est-à-dire précisément son *efficacité* comme mythe, qui en masque la présence ou qui oblige à la minimiser. On songera à la comptine cruelle sur laquelle s'ouvre *M. le Maudit* et par laquelle, au centre de la ronde enfantine, comme au centre du film, est ouvert l'espace victimaire : le sort de la prochaine victime est bien d'y être *mangé*.

Exemplaire, à cet égard, est la pièce de Tennessee Williams, portée à l'écran par Mankiewicz en 1959, *Soudain l'été dernier*, en laquelle le thème oedipien incestueux est résolument replacé dans la perspective de la violence dionysiaque omophage. Certes Montgomery Clift, auquel John Huston confiera en 1962 le rôle de Freud, n'est pas le Freud du cannibalisme. Il n'en reste pas moins que, dans *Soudain l'été dernier*, faisant accoucher Elisabeth Taylor d'une vérité incroyable, que « personne n'a cru », que « personne ne peut croire », « personne, personne au monde », le docteur Clift met à nu ce que *La violence et le sacré* désigne comme « la vérité de l'homme » et que le mécanisme de la victime émissaire empêche d'apparaître en la posant hors de l'homme dans la divinité. La vérité est que le sex-appeal de Liz Taylor provoquant sur la plage, dans son maillot transparent, le désir *homo*sexuel, c'est-à-dire l'emballement mimétique indifférenciant de ce que Nietzsche, nous l'avons vu, appelait, dans *La naissance de la tragédie*, la « très jeune » foule dionysiaque, la « bande d'enfants nus » de Cabeza de Lobo, a *mécaniquement*, comme la danse de Salomé – à laquelle Girard a consacré un remarquable texte –, pour effet le déchaînement de la violence sacrificielle unanime contre son cousin Sébastien. « Ils avaient arraché, coupé des morceaux de son corps avec leurs mains, ou avec des couteaux ou peut-être avec les boîtes de conserve déchiquetées qui leur servaient à faire de la musique », raconte Liz Taylor, « ils avaient arraché des lambeaux de son corps et les avaient enfoncés dans leurs petites bouches avides et goulues ». C'est cette « histoire » incroyable que Katharine

Hepburn, la mère de Sébastien, véritable Jocaste moderne, demande vainement à Clift d'extirper par lobotomie du cerveau de sa nièce. Il est remarquable que le dernier mot de la pièce de Tennessee Williams revienne au personnage que joue Clift invitant pensivement, « les yeux dans le vague », à se demander si sa patiente « ne dit pas la vérité… ».

La violence et le sacré de René Girard est tout entier une réponse à cette invitation. Il atteste que Liz Taylor ne mentait pas. Mais il ouvre aussi sur une compréhension de ce que pouvait signifier en 1959 la représentation cinématographique, c'est-à-dire universelle, d'une telle histoire. Car, si les succédanés du bouc émissaire sont bien des processus *réels*, la représentation universelle du sacrifice de Sébastien *opère* effectivement sur la société universelle impliquée par le phénomène cinématographique. Comprendre le caractère *opératoire* du bouc émissaire, c'est comprendre que le spectacle de son sacrifice visible aux yeux de tous, rituellement répété au fil des séances, permet d'obtenir des résultats – selon l'expression même de Girard – « hautement concrets » – et d'abord celui de concentrer toutes les tensions intérieures à une société pour « rendre sa vigueur à un ordre culturel déprimé et fatigué », comme l'est celui de la société mondiale d'après-guerre. Le film de Mankiewicz n'est pas ainsi une simple *représentation* de la vérité : il est déjà la mise en œuvre de cette vérité sous la forme ambiguë qu'elle revêt nécessairement ; à savoir sous la forme d'une occultation de ce qu'elle révèle et répète – et répète d'autant plus efficacement qu'elle l'occulte. Au point de faire croire que le cinéma est un simple loisir.

Toute cette histoire est *en réalité* l'histoire de ces figures mythiques et comme telles *opératoires* que sont dans l'Amérique de la fin des années cinquante « Liz » et « Monty ».

N'est-il pas manifeste que le rapport de Catherine (la nièce de Sébastien) et de Sébastien est exactement celui qu'entretiennent publiquement Elisabeth Taylor et Montgomery Clift depuis environ une dizaine d'années au moment de la rédaction de la pièce de Tennessee Williams ? À savoir, un puissant attachement amoureux contrarié par l'homosexualité de Monty et progressivement transfiguré en protection maternelle infaillible. « On nous prenait parfois pour un couple en voyage de noce, mais on s'apercevait vite que nous avions des… des cabines séparées », confie Catherine dans la pièce. En 1961, dans les *Misfits*, John Huston fera allusion à la possessivité de la mère de Monty (dans la scène de la cabine téléphonique au tout début de l'épisode du rodéo) ; mais, il est clair qu'en 1959, dans *Soudain l'été dernier*, cette mère possessive – « il était à moi ! » s'écrie Violette Venable dans la pièce – est tout simplement incarnée, avec une précision qui vaut plus qu'une simple allusion, par la figure glaciale de Katharine Hepburn : comme Sunny, la mère de Montgomery Clift, Violette voyage seule à travers le monde avec son fils pour le soustraire à toute vie sociale. Tennessee Williams – pour lequel Montgomery Clift avait joué la première fois en 1945 – et Mankiewicz pouvaient-ils ignorer que Monty, séparé de sa jumelle, avait vécu des années en couple avec sa mère ? La figure incestueuse de Sunny ne devait-elle pas inspirer l'écriture sinon la mise en scène de *Soudain l'été dernier* ?

Monty, véritable Œdipe moderne menait alors à travers le film de Mankiewicz, publiquement et, déjà miné par l'alcool, plus ou moins consciemment, l'enquête qui, à travers l'interrogatoire de Liz Taylor, devait le conduire à révéler sa propre monstruosité : non pas l'inceste, ni l'homosexualité, mais de concentrer sur soi et d'apaiser par son propre sacrifice la violence unanime. Monty est si peu le Freud du cannibalisme qu'il est *en réalité* Sébastien lui-même, toujours filmé de loin ou de dos, sans visage – comme une simple indication du lieu qui revient en propre au sujet du sacrifice. Dans la pièce, la mère de Sébastien précise que son fils, « à la recherche de Dieu » ou plutôt d'une « image claire et nette de Dieu », avait trouvé cette image dans le spectacle d'oiseaux déchiquetant et dévorant la chair de jeunes tortues de mer sur les Îles Galapagos. Une image que sa nièce interprète comme une « image qu'il avait de lui-même » : une image de lui-même « comme victime d'une sorte de sacrifice ! un sacrifice offert à quelque chose de terrifiant », à une sorte de dieu cruel. Et c'est cette *image de soi* que Sébastien proprement *accomplit* dans la scène du dépeçage cannibale ; une scène que la nièce décrit comme une agression par « une nuée de petits moineaux noirs et déplumés ». La figure absente, effacée et excessivement présente de Sébastien, qu'aucun acteur interprète, est en réalité celle de l'acteur américain mythique, en lequel s'incarne et prend forme le cannibalisme comme mythe moderne. C'est cette figure qui opère le processus réel à l'œuvre dans la représentation cinématographique. C'est par une telle figure de l'indifférenciation – dont la différence est précisément de réaliser en soi le neutre, le quelconque, le pauvre en différence – qu'est possible l'établissement et le rétablissement incessant de l'ordre social différencié.

Arthur Miller dit avec une précision déconcertante l'efficacité de telles figures. Il faut prendre au sérieux dans les *Misfits* – dont Miller fut le scénariste – la scène du bivouac dans la plaine sauvage. Elli Wallach (Guido), parlant de Marilyn Monroe (Roslyn), y soutient qu'elle possède plus et mieux que la connaissance, une « sollicitude (*care*) » qui la met en harmonie avec toutes choses, au point que « ce qui arrive à n'importe qui lui arrive aussi ». À Marilyn qui proteste

en affirmant qu'elle est « juste nerveuse », Wallach rétorque :
« s'il n'y avait pas des gens nerveux sur terre, on en serait
encore à se manger entre nous ». Le sujet *nerveux* (Marilyn,
Monty…) : celui dont la présence active et auto-destructrice
préserve la communauté des violences intestines, assure
l'évacuation de la Violence en individuant et, pour ainsi dire,
en condensant en soi l'abaissement généralisé des différences,
qui est au principe de la guerre et que la guerre intensifie – qu'a
intensifié à l'extrême que l'on sait la seconde guerre mondiale.

Ce que *Soudain l'été dernier* nous apprend, c'est que le
bouc émissaire est une *image de soi* – que c'est sous la forme
d'une image de soi, c'est-à-dire d'une figure de la *subjectivité*
librement revendiquée, que le bouc émissaire opère et produit
son effet dans la société mondiale en crise depuis les années
trente. Cette image de soi ou cette figure de la subjectivité est
ainsi au cœur de la production littéraire et intellectuelle du
siècle. « Dès qu'un grand écrivain apparaît, la platitude est
ébranlée », écrit encore Girard dans le dernier chapitre de *La
violence et le sacré*. C'est-à-dire est ébranlé le processus par
lequel la culture propre à la socialité différenciée *minimise* la
violence même de l'acte sacrificiel qui la fonde. Au tout début
de *Mort à crédit*, Céline n'écrit-il pas qu'il va « raconter des
histoires » telles que ceux qui sont « repartis loin, très loin dans
l'oubli se chercher une âme […] reviendront, exprès, pour [le]
tuer, des quatre coins du monde » ? A-t-il fait autre chose ?
N'avons-nous jamais été tenté de nous agréger au groupe
haineux de ses assassins, à moins que *minimisant* la violence
de sa position, nous n'ayons choisi, comme Gide, de n'y voir
qu'une exagération comique. Impossible, en réalité, de distinguer chez Céline l'acte d'écrire et l'attraction sur soi de la
Violence unanime. Séparer l'homme de l'écrivain, le salaud
du romancier, reviendrait à séparer le bénéfique du maléfique

qui agissent pourtant de concert dans le processus réel du bouc émissaire. Comprendre le caractère opératoire du bouc émissaire, c'est aussi comprendre cette inséparabilité : dans le dernier chapitre de la *Violence et le sacré*, Girard félicite ainsi Derrida d'avoir, en refusant de séparer les deux sens opposés de *pharmakon* (poison et remède) exhumé, révélé le jeu de la violence qui habite le discours philosophique.

Pour bien comprendre le rapport de la violence et de la philosophie, il faut toutefois s'en remettre à l'article consacré en 1964 par Derrida à Lévinas sous le titre : *Violence et métaphysique*. Derrida y soutient que la violence, « ou plutôt l'origine transcendantale d'une violence irréductible », est la nécessité « à laquelle aucun discours ne saurait échapper dès sa plus jeune origine ». Cette « violence transcendantale » consiste dans l'instauration de soi-même comme autre de l'autre : dans la position de deux origines séparées du monde ; une dissymétrie originaire, pré-éthique, qui seule permet, pour Derrida, ultérieurement la dissymétrie inverse, la non-violence éthique que promeut Lévinas. Or, cette violence est une *moindre violence*. La doctrine derridienne de la violence est bataillienne – du moins selon une certaine lecture de Bataille. La moindre violence du discours s'oppose en effet avant tout à « la pire violence du silence primitif et prélogique d'une nuit inimaginable qui ne serait même pas le contraire du jour, d'une violence absolue qui ne serait même pas le contraire de la non-violence : le rien ou le non sens purs » – un non sens auquel, d'après Derrida, on est reconduit par la violence de l'hyperbole démonique du Cogito cartésien en son moment inaugural et propre, lorsque la différence du singulier, du séparé, ne peut s'éprouver que comme la différence solitaire d'une ouverture excédant follement la totalité du sens déterminé. Cette pire violence est celle de la *dépense pure*, anéconomique du sacrifice bataillien. C'est la puissance menaçante d'une telle violence absolue que Derrida oppose en fin de compte à Lévinas en lui préférant la violence relative du discours, qui commence avec la *profération* du Cogito, et qui reprend la dépense anéconomique dans une *économie* de la différance – car seule cette profération et cette économie permettent la séparation et de parler l'un à l'autre. La violence de la philosophie est d'abord l'expulsion de cette folie – ou, si l'on veut, l'expulsion du sujet nerveux qui par sa participation et sa sollicitude universelles, comme Marilyn, excède toute communication possible dans l'ordre de la connaissance.

Le reproche fait par Derrida à Lévinas est de ne pas avoir compris la nécessité de fonder la relation éthique à l'autre dans la violence transcendantale et économique de la séparation du même et de l'autre moyennant l'auto-position du même. Le reproche est juste. Mais, il ne révèle pas une insuffisance de l'éthique lévinassienne. Il met plutôt à jour son intention et sa signification fondamentales : écrire une philosophie entièrement du point de vue de ce qui, afin même de le rendre possible, est originairement expulsé du discours philosophique. Écrire une philosophie du point de vue de cette subjectivité originellement expiatrice qui prend sur soi et réalise en elle-même par la totale substitution à autrui – en deçà de toute position de soi – la *violence pure* d'un débordement de l'essence – c'est-à-dire de l'intérêt à être. Là encore, le bouc émissaire est une image de soi ou plutôt un accomplissement subjectif.

Les éléments principaux du chapitre IV d'*Autrement qu'être*, que Lévinas présente comme le germe de l'ensemble de l'ouvrage, ont d'abord été exposés lors d'une conférence faite à la Faculté Universitaire de Saint Louis le 30 novembre 1967, avant de donner lieu à publication dans la *Revue philosophique* de Louvain en octobre 1968. Ils sont donc postérieurs à l'article de Derrida et y répondent d'une manière inattendue. Dans ce texte central, Lévinas oppose la transcendance, c'est-à-dire l'altérité feinte du non-moi posé activement par le Moi auto-positionnel de Fichte, et la ruine qui s'en suit, d'après lui, de toute philosophie de la solidarité humaine, à la transcendance absolue du non-moi subie dans la souffrance par un Moi exposé sans réserve à l'autre, et la perspective ainsi ouverte d'une authentique « fraternité humaine » – celle qui nous établit dans la proximité (pour reprendre la lettre de l'exergue) « des millions et des millions d'humains de toutes confessions et de toutes nations, victimes de la même haine de l'autre homme, du même antisémitisme », que celui dont furent victimes « les six millions d'assassinés par les nationaux-socialistes », mais aussi dans « la responsabilité de ce dont, dans le persécuté, il n'y eut pas volonté », c'est-à-dire « responsabilité de la persécution même qu'il subit ». Ainsi exposée concrètement au poids de l'être, à la maladie, à la souffrance, à la mort, « sous le poids de l'univers » « responsable de tout », la subjectivité lévinassienne est exclusivement « sujétion »; et cette sujétion est ce qui la contraint à se *contracter* toujours plus en soi – et donc à être *soi*. Expressément articulée à la violence extrême de la guerre mondiale, la philosophie lévinassienne du sujet offre, d'une manière exemplaire, les éléments théoriques permettant de comprendre comment le sacrifice, le dépeçage par une nuée de rapaces goulus, l'exposition sans réserve à la Violence, puisse être à l'orée des années 60 une image *positive* de soi – et passer pour le ferment d'une nouvelle fraternité.

La substitution sacrificielle à l'autre jusque dans la responsabilité de la persécution subie refoule, rejette, le sujet dans « le plein de l'un »; elle le contracte au point de « l'empêcher de ce scinder, de se séparer de soi pour se contempler ou pour s'exprimer »; à tel point que le Moi lévinassien est « absolument moi », « unicité exceptionnelle », « je unique et élu ». Cette plénitude ne va pas toutefois sans une *fissure*. Une fissure qui n'a rien à voir avec la fissure du Je fêlé kantien dont parle Deleuze en 1968 dans *Différence et répétition*, et qui tient à la passivité du moi à l'égard de son auto-activité – c'est-à-dire est liée à son auto-affection ou auto-monstration. C'est à force d'être compacté sous le poids du monde que le Moi lévinassien finit par « étouffer », par se fendre et par éclater. Cette fission n'a rien à voir non plus avec la scission dialectique hégélienne – et le chapitre d'*Autrement qu'être* auquel nous faisons référence porte distinctement la marque de l'anti-hégélianisme qui lui est contemporain et notamment de l'anti-hégélianisme affiché par Derrida dans l'article de 1967 sur *l'hégélianisme sans réserve*, paru en mai, quelques mois avant la conférence de Lévinas à la Faculté Universitaire de Saint-Louis. L'éclatement, l'ouverture du plein ne va en aucun cas jusqu'à la séparation qui permettrait le retour à soi ou le jeu de l'auto-monstration. Le Soi « ne cesse de se fendre », écrit Lévinas. La singularisation extrême du retour à soi et l'universalisation de l'éclatement sont parfaitement *simultanés*, conjoints dans une même « stance », le Sujet lévinassien se tenant constamment dans « l'entre-deux » de son individuation et de son effacement. Or, il est remarquable que cette « stance », ou *station*, est précisément celle de la victime sacrificielle, « immolée » pour tous, dont Lévinas construit ici l'identité subjective. La réponse de Lévinas à *Violence et métaphysique* est alors précisément de décrire la substitution en usant du vocabulaire bataillien par lequel Derrida désignait en mai 67 l'idéal subjectif à opposer à la néga-tivité hégélienne : la « dépense débordant les ressources », la « dépense sans compter », la « gratuité » opposée à l'économie restreinte de la comptabilité. Ce que, dans le premier chapitre d'*Autrement qu'être*, en 1970, Lévinas condense dans l'expression de « sacrifice sans réserve », « sans retenue ». C'est donc le risque d'une toute autre violence que la violence inhérente au discours philosophique que veut prendre Lévinas. Et Derrida peut bien lui reprocher son imprudence. Ce risque, le livre de René Girard l'éclaire, en 1972, par l'éclairage qu'il porte sur le processus réel à l'œuvre à travers l'émergence dans l'ensemble de la culture, élevée par la guerre au rang de culture mondiale, de cette figure singulière de la subjectivité qu'est la substitution totale dans la concentration sur soi de la Violence unanime.

INDEX DES NOMS

TABLE DES MATIÈRES

Imprimerie de la Manutention à Mayenne – Août 2008 – N° 217-08
Dépôt légal : 3ᵉ trimestre 2008

Imprimé en France